天路
(如何找到它)

The Way to God
(And How to Find It)

Dwight L. Moody

天路

(如何找到它)

神愛世人，甚至將他的獨生子賜給他們，叫一切信他的，不至滅亡，反得永生。
《約翰福音》三章16節

作者：慕迪（美）
譯者：呂平

天路 (The Way to God) – Dwight L. Moody
Revised & Translated Edition Copyright © 2022
First edition published 1884

Please do not reproduce, store in a retrieval system, or transmit in any form or by any means – electronic, mechanical, photocopying, recording, or otherwise, without written permission from the publisher. Please contact us via www.AnekoPress.com for reprint and translation permissions.

Scripture quotations are taken from the
Chinese Union Version (Traditional).

譯者註：為讀者方便及文體完整起見，書中採用的聖經經文出自和合本《聖經》(CUVT)。

Translator: Ping Lue

Aneko Press

www.anekopress.com

Aneko Press, Life Sentence Publishing, and our logos are trademarks of
Life Sentence Publishing, Inc.
203 E. Birch Street
P.O. Box 652
Abbotsford, WI 54405

RELIGION / Christian Theology / Soteriology

Paperback ISBN: 978-1-62245-891-2
eBook ISBN: 978-1-62245-892-9

10 9 8 7 6 5 4 3 2 1

Available where books are sold

目錄

致讀者 ix

第一章 - 無法測度的愛 1

第二章 - 天國之要道 19

第三章 - 兩群人 41

第四章 - 金玉良言 55

第五章 - 神聖救主 67

第六章 - 悔改與補償 77

第七章 - 救恩的確據 93

第八章 - 基督即一切 117

第九章 - 背道而行 135

有關作者 151

其他类似书籍 153

致讀者

我試圖用本書來指明通往神的道路。本書中,有很大部份,是我在大英帝國和我自己的國家——美國,不同城市佈道時的講稿。在我佈道時,神恩慈地祝福給我,我在此,祈求神祝福這些印刷成書的講稿和添加的材料。

首先,我要讀者關注的,是神的愛,即所有恩典之禮物的源頭。然後,我努力將真理闡明給不同群體的人,來滿足這些群體的特殊需要,并且解答一個人如何能與神和好,希望能帶領一些靈魂到「是道路,是真理,是生命」(約 14:6) 那一位那裡。

本書最後一章是特別寫給那些背道而行者——我們中間有不計其數的這樣一群人。

我以誠摯的禱告和盼望,靠著神施恩給這些書頁,讀者能對基督的信仰得到堅固,建立,紮根。

我以祂僕人的身份為你服務

德懷特・慕迪(Dwight Moody)

第一章

無法測度的愛

並知道這愛是過於人所能測度的（弗 3: 19）

我若能夠讓人明白使徒約翰的這句話——神就是愛，那麼我就會走遍世界來傳揚這一光輝的真理。若你能使某人確信你愛他，那你就得了他的心。如果我們能讓人們確信神愛他們，就會看到他們蜂擁而入地進入天國。問題是，人們認為神厭惡他們，他們就常常避開神。某些年前，我們在芝加哥建立了一所教會，急著要向人們傳講神的愛。我們想到，若我們靠佈道不能將神的愛傳入人們的心中，是否可以試著其他的方法來見效；我們就直接在講台上放上這句話：神就是愛。一天晚上，有個人在街上走，經過教會，就往門裡看，看到了這句話。此人是一位離開神的浪蕩子，他邊走邊尋思，*神是愛! 不! 祂不愛我，我是一個可悲可憐的罪人。* 他一個勁兒地想把這句話逐出

他的腦袋,但這句話,就如火一般在他面前燃燒。往前沒走幾步,他就轉過身來,徑直走進了正在進行的聚會當中。

他沒有聽講道,僅「神是愛」這短短的一句話深深地紮入他的心,這就夠了!唯有讓神的話進入罪人的心,任憑人怎麼說都毫無價值。第一場聚會結束後,這人還待著,我發現他哭得像個小孩子。我打開聖經,告訴他,儘管他遠離了神,神一直在愛他,神在等候、接待他,原諒他。福音之光進入他的心。離開時,他是一位新人,在耶穌基督愛中充滿喜樂。

在這個世界上,沒有任何東西比愛更有價值。你若能找到一位無人呵護,無人疼愛的人,那人就是這世上最淒慘的人。人為什麼尋自盡,是常常因為無人愛他們這個念頭纏繞在心中,以致於生不如死。整本聖經,據我所知,沒有比神的愛這條真理能夠以力量和溫柔進入我們的心,也沒有任何一條真理讓撒旦如此竭力抹殺。六千多年來,撒旦竭盡全力來誘惑人,說神不愛他們。我們的始祖信了這謊言,歷世歷代中也不乏跌倒的。

神不愛我們的理念常出於錯誤的教導。父母在教導孩子時犯錯,說只有當他們行正事時,神才愛他們,反之,神就不愛他們。當你的孩子做錯事時,你不會對他們說,你恨他們。他們的錯誤行為不會使你的愛變成恨。若真是這樣,你的愛將改變無數次。你的孩

子耍性子，或者有反叛行為，你不會因此和他一刀兩斷，好像他不是你的！不！他仍然是你的孩子，你愛他。如果有些人偏離了神，不意味著神恨他們。神忌恨的是罪，不悔改，是邪惡的心。惟有基督在我們還作罪人的時候為我們死，神的愛就在此向我們顯明了（羅5：8）。我們愛，因為神先愛我們（約壹4：19）。

很多人認為神不愛他們，是他們以自己的立場和小尺度來衡量神。我們若認為某些人值得我們愛，就會愛他們；如果不值得，我們就會離棄他們。神不是這樣。神的愛和凡人的愛之間，有天壤之別。《以弗所書》三章18節告訴我們關於神的愛的長闊高深。我們許多人以為對神的愛有所知；從今數算，世紀以後，我們將承認，我們只知道一丁點兒。哥倫布發現了美洲大陸，但他知道其中的大湖、河流、森林和密西西比河谷嗎？直至去世，他對所發現的美洲所知甚少。同樣如此，許多人發現了神的愛的某些點滴，但並不知道祂的廣闊高深。神的愛如同大海，要知其中奧秘，我們必先投入其中。曾有一位羅馬天主教的巴黎主教，被下到監獄，並判了槍決。在被提出去執行死刑前，他在獄室看到一扇窗，形如十字架。他在十字架頭上寫了高，底部寫了深，膀臂兩頭寫了長。他已經歷了以撒·華茲的聖詩所傳頌的真理：[1]

---

[1] 譯文摘自聖詩《我每思念十字架》(When I Survey the Wondrous Cross)。作者：以撒·華茲(Isaac Watts, 1674-1748)。若無特殊說明，均為譯者之注。下同。

天路

我每靜念那十字架，
並主如何在上受熬，
我就不禁渾忘身家，
鄙視從前所有倨傲。

願主禁我別有所誇，
除了耶穌的十字架。
前所珍愛虛空榮華，
今為他血情願舍下。

看從他頭！他腳！他手！
憂情慈愛和血而流！
哪有愛猶如此相遇，
荊棘編成如此冕旒？

假若宇宙都歸我手，
盡以奉主仍覺可羞，
愛既如此奇妙深厚，
當得我心，我命，所有。

當我們渴望知道神的愛，我們應當去各各他山。看到那場景，誰能說神不愛我們？十字架述說了神的愛。沒有比十字架更能闡明這偉大的愛。若非愛，神豈能獻上基督，基督獻上死？人為朋友捨命，人的愛心沒有比這個大的（約 15：13）。基督為祂的敵人捨命，基督為殺

害祂的人捨命，基督為那些仇恨祂的人捨命。十字架的精神，各各他山的精神，就是愛。當他們戲弄祂，嘲笑祂，祂怎麼說？父啊，赦免他們！因為他們所做的，他們不曉得（路 23：34）。這就是愛！耶穌沒有呼喚從天上降下火來吞噬他們，在祂心中別無其它，唯有愛。

神的愛不變

研究聖經，你將發現神的愛不變。很多曾經愛過你的人，如今或許冷淡下來，離開你；或許，他們的愛變為恨。神不是這樣。聖經是這樣記載耶穌基督：正當祂要和門徒分離，被帶到各各他山，祂既然愛世間屬自己的人，就愛他們到底（約 13：1）。祂知道門徒中的一位會出賣祂，祂依然愛猶大。祂知道另一門徒會不認祂，甚至發誓從未相識，祂依然愛彼得。基督的愛使彼得的心破碎，重新悔改，恭敬地跪在主的腳前。三年中，耶穌和門徒同在，不僅以祂的生命和教導，還以祂的事工，傳授祂的愛。在祂被賣的那一晚，祂取了一盆水，裹著毛巾，取僕人的身份，給眾門徒洗腳。祂要讓眾門徒知道祂那永不改變的愛。

聖經中，我最常唸，最愛的經文是《約翰福音》十四章。讀此經文，我從不感到厭倦。當我們的主將心傾倒給門徒，聽聽祂如何說：到哪日你們就知道我在父裡面，你們在我裡面，我也在你們裡面。有了我的

命令又遵守的，這人就是愛我的；愛我的必蒙我父愛他，我也要愛他，並且要向他顯現（約 14：20-21）。思想一下，這位創造天地的神愛你和我！人若愛我，就必遵守我的道；我父也必愛他，並且我們要到他那裡去，與他同住（約 14：23）。

面對神，我們這弱小有限的頭腦怎能理解這偉大的真理——父和子如此愛我們，以至要來與我們同住！不是住一個晚上，而是常住在我們心裡。

另一精句是《約翰福音》十七章23節：我在他們裡面，你在我裡面，使他們完完全全地和而為一，叫世人知道你差了我來，也知道你愛他們如同愛我一樣。我認為這句話是耶穌基督所說的最精湛的話語之一。父神沒有理由不愛祂。祂順服以至於死，祂從未忿忒父的律法，絲毫不差地行在完全順服的道上。我們卻絕然不同。儘管我們反叛、愚昧，神說如果我們信基督，聖父就愛我們如同愛聖子。驚人的愛！奇妙的愛！神居然愛我們如同愛祂的獨生兒子，實在難以置信，但耶穌基督就是如此教導的。

要讓罪人相信神的愛永不改變確實很費力。當某人偏離神，他認為神恨惡他。我們必須在罪和罪人之間劃清界線。神愛罪人，但憎恨罪。[2] 祂憎恨罪，是因為罪使人墮落。神憎恨罪，正是因為神愛罪人。

2　原註：儘管這是聖經教導的，也有經文表明神恨惡罪人，如《詩篇》五篇5節：狂傲人不能站在你眼前；凡作孽的，都是你所恨惡的；還有《詩篇》七篇11節：神是公義的審判者，又是天天向惡人發怒的神。

無法測度的愛

神的愛恆久不息

神的愛不僅不改變,而且恆久不衰。《以賽亞書》四十九章15-16節:「婦人焉能忘記她吃奶的嬰孩,不憐恤她所生的兒子?即或有忘記的,我卻不忘記你。看哪,我將你銘刻在我掌上,你的牆垣常在我眼前。」

我們知道母愛是人間最強烈的愛。一個男人可以因很多事和他的妻子分手。父親有可能背棄自己的孩子,兄弟姐妹有可能成為冤家。夫離妻或妻離夫,母愛卻歷經艱辛不衰。孩子聲譽是好是壞,甚至在全世界面前遭受譴責,一個母親依然愛她的孩子,並盼望他能棄惡從善,全心悔改。她記得那嬰兒的微笑,童年的歡笑,青春的盼望;她絕對不會認為他分文不值。死亡都不能泯滅一個母親的愛,母愛勝過死亡。

你曾經目睹一個母親如何照顧她生病的孩子。如果能使孩子好起來,她甚至願意將病挪到自己身上!週復週,日復日,她一直自己照顧,不讓其他人來照顧這個病孩子。

不久以前,我的一位朋友去拜訪一個很漂亮的家,在那裡他見到好多朋友。大家都散去後,他想起有東西落在那家,就回去取。進屋後,他看到那家的主婦,一個很有錢的婦人,坐在一位看上去像個乞丐的漢子身後。這是她的親兒子。像聖經裡的浪子,他也離家出走了,然而,母親說,「這是我的兒子,我依然愛他。」

倘若一個母親有九或十個孩子，若其中有一個誤入歧途，與剩下的子女比，她似乎更關愛這個孩子。

紐約州的一位著名牧師曾經講給我一個故事。說是有個父親，是個惡人。母親竭盡全力不讓兒子學他的父親，無奈父親的影響力超過她的努力。父親帶兒子行了各樣的罪，最終，兒子變成一名十惡不赦的罪犯。他成了殺人犯，遭審判。整個審判過程中，這位寡母（父親已經死了）一直坐在法庭裡。證人作證反對這男孩時，母親看起來比兒子更痛苦。當他被裁定有罪，並判死刑，每個人都認為罰當其罪，對結果表示滿意。但是，這母親的愛永不衰亡。她懇求緩刑，遭法院否決。兒子被槍決後，她要求將屍體取回下葬，但是這個請求也被拒絕。按規定，他被下葬在監獄的墓地裡。沒過多久，母親也去世了。但在她去世前，她表達了一個願望：將她的遺體安葬在兒子的墓旁。她不以自己是殺人犯的母親為恥。

還有一個故事，講的是一位蘇格蘭的年輕姑娘，離家出走，流落在格拉斯哥（Glasgow）街頭。她母親找遍全城，一無所獲。最後，她把自己的畫像掛在「午夜之家」（Midnight Mission）的房間裡 ——那裡常有無家可歸的婦女宿夜。許多婦女對畫像只是瞥了一眼，但有一位年輕女子，在畫像前徘徊許久。從俯視她的畫像，年輕女子認出了那張在她童年時熟悉的可親的

臉。這母親沒有忘記，也沒有放棄她犯了罪的孩子，不然的話，她不會把自己的畫像掛在這些牆上。畫像中的她似乎張開嘴，輕輕地說，「回家吧；我原諒你，依然愛你。」頓時，年輕姑娘百感交集，徹底崩潰。她是一位浪女。看到她母親的臉使她心碎。她真切地為自己的罪懺悔。懷著一顆充滿悲傷和恥辱的心，姑娘回到了被她遺棄的家。母女倆再次團聚。

但是，我要告訴你，任何母愛都無法與神的愛相比；它達不到神的愛的高度和深度。在這世上，沒有一個母親愛她的孩子如同神愛你我一樣。思想一下，神的愛是如此之大，居然獻上自己的兒子為世界而死。我過去常常把基督放在心裡，對父神卻不怎麼想。不知何因，我曾經有個念頭，神是個很嚴酷的法官，而基督來到我和神之間，是為了讓神不發怒。後來，我自己成了父親，好多年就只有一個兒子。我瞧著我的男孩兒，想到父神居然獻上自己的兒子去死，這樣看來，比起子去死，父需要有更大的愛。

哦，神一定非常愛世人，甚至賜下祂的獨生子為我們而死！神愛世人，甚至將他的獨生子賜給他們，叫一切信他的，不至滅亡，反得永生（約 3：16）。我一直未能以此經文來講道。我常以為我能夠，但它的涵意如此之高，我永遠無法攀登到它的高度。講道時，我就稍稍引用這段經文，然後跳過去，繼續往下講。

誰能夠測度這句經文的深度：*神愛世人?* 我們永遠無法測度神愛的高深。保羅禱告他也許能知道神愛的長闊高深，但他知道，這實在超過了他所能測度的。並知道這愛是過於人所能測度的（弗 3:19）。

沒有比基督的十字架更能向我們訴說神的愛了。跟我一起到髑髏地，仰望懸掛在那十字架上的神子。你能聽到祂垂死的嘴唇發出刺心的呼喊嗎，*天父，寬恕他們；因為他們不知道他們在做什麼，*還說祂不愛你？*人為朋友捨命，人的愛心沒有比這個大的*（約 15:13）。但是，耶穌基督為祂的敵人捨命。

另一個想法是：甚至早在我們想到祂之前，祂就已經愛我們了。在聖經中，你找不到這樣的理念：即惟有當我們首先愛祂，祂才會愛我們。《約翰一書》四章10節 這麼寫：*不是我們愛神，乃是神愛我們，差他的兒子，為我們的罪作了挽回祭，這就是愛了。*早在我們甚至會想到愛祂之前，祂就已經愛我們了。在你的孩子對你的愛一無所知之前，你就愛他們了。同樣，遠在我們想到神之前，我們就已在祂的思念中。

是什麼使浪子回家？是父親愛他的念頭。倘若有消息傳來說，父親不再認他為子，生死不問，難道他還會回去？當然不會！但是，他突然想到他的父親仍然愛他，他就立馬起身回家了。

親愛的讀者，天父的愛應該把我們帶回祂身邊。

正是亞當的罪禍彰顯了神的愛。當亞當墮落時，神就來憐憫他。倘若有人失喪，不是因為神不愛他，而是因為他抗拒了神的愛。

是什麼使天堂有吸引力？是珍珠門還是黃金街？不。天堂有吸引力，是因為我們會在那裡看到天父，那位如此愛我們，甚至賜祂的獨生子為我們而死的神。家為什麼有吸引力？是漂亮的家具和豪華的房間嗎？不，有些家雖有這些，但卻像塗上了白顏色的墳墓。在布魯克林（Brooklyn），有一位母親病入膏肓，快要死了。很有必要把她的孩子從她身邊帶走；因為這小女孩不懂母親病的嚴重性，況且她又不願她的母親獨處。每個晚上，那女孩子在鄰居家哭到睡著為止，因為她想回到母親身邊。可是，母親的病情越來越嚴重，他們不能把孩子帶回家。最後，母親死了。她死後，他們想，最好不要讓這孩子看到躺在棺材裡死去的母親。直到母親下葬後，他們才把孩子帶回家。這小女孩從一個房間跑到另一個房間，哭著喊：「媽媽！媽媽！」找遍了整個家。當小女孩在家找不到親愛的母親，她就哭著要回鄰居家。因此，是什麼讓天堂有吸引力，是我們將見到基督耶穌，祂愛我們並為我們捨命。

你若問我為什麼神愛我們，我也說不上來。我想，這是因為祂是一位真正的父神，愛是祂的本性，正如

太陽的本性是發光。祂希望你來分享這份愛。不要讓不信使你遠離祂。不要認為，因為你是個罪人，神不愛你也不關懷你。祂愛你！祂要拯救你，祝福你！

因我們還軟弱的時候，基督就按所定的日期為罪人死（羅 5：6）。這還不足以讓你相信祂愛你嗎？如果祂不愛你，祂不會為你而死。你的心是否剛硬到可以抵擋祂的愛，唾棄和蔑視它？你可以這麼做，但你在冒險。

我可以想像，有些人會自言自語：「是的，我們相信神愛我們，假如我們愛祂。我們相信神愛純潔和聖潔的人。」 我的朋友，神不僅愛純潔和聖潔的人，而且也愛我們——當我們仍然不敬虔的時候。*惟有基督在我們還作罪人的時候為我們死，神的愛就在此向我們顯明了*（羅 5：8）。神差遣祂為世人的罪而死。如果你屬於這世界，你就可能在基督的十字架上所展示的這種愛中佔有一席之地。

《啟示錄》一章 5 節 對我來說意義重大：*祂愛我們，用自己的血使我們脫離罪惡*。人們可能會認為神會先清洗我們，然後再愛我們。不，是祂先愛我們。大約八年前，整個美國都為一個四歲的孩子查理・羅斯（Charlie Ross）被綁架而震撼 。[3] 有兩個人，駕著一輛馬車，問查理和他兄長要不要吃糖。結果，他們把查理帶走了，卻留下他的兄長。多年來，每個州和管轄地

3　查理・羅斯（Charlie Ross）被綁架之事件發生在 1874 年。當時轟動全美國。至今尚未結論。

都進行了搜索。有人甚至到過英國、法國和德國尋找。但都無功而返。母親仍然希望能活著見到失散已久的查理。直到加菲爾德（Garfield）總統遭暗殺，[4] 我不記得任何事件能使整個國家如此動盪不安。

好吧，假設在一次佈道會上，查理的母親坐在講台上。當傳教士講話時，她碰巧在觀眾席上看到了她失散多年的兒子。假設他貧窮、骯髒、衣衫襤褸、光著腳、光著膀子，她會怎麼做？她會不會等到他洗完澡，穿得體體面面的時候才認他？當然不會，她會立刻從台上奔下來，衝向他，將他擁入懷中。然後，她會幫他洗澡，穿衣服。神也是如此。祂愛我們，洗淨我們。我可以想像有人會問：「如果神愛我，為什麼祂不直接讓我變好？」神所要的是祂的兒女們在天堂；祂不要機器或奴隸。祂當然可以將我們頑固的心打碎，但祂想用愛的繩索將我們牽引到祂身邊。

祂要你在神羔羊的婚筵上與祂同坐，祂要洗淨你，使你比雪還白。祂希望你與祂同走在天堂水晶般的道上——那個遙遠的幸福世界。祂想收養你進入祂的家庭，讓你成為天堂的兒子或女兒。你是將祂的愛踐踏在腳下，還是將自己一次並永遠地獻給祂？

當可怕的南北戰爭正在進行時，一位母親得到消息，她的兒子在莽原之役[5]（The Battle of Wilderness）

4　加菲爾德總統（President Garfield, 1831 - 1881）是美國第二十任總統，1881年三月上任，九月遇刺身亡。

5　莽原之役（The Battle of Wilderness）爆發於1864年5月5日—7日。是美國南北戰爭的一場大戰。

中負傷。她搭上第一班火車，出發去見她的孩子；儘管作戰部已經發出命令，不允許再讓女性進入戰線之內。但這命令對母愛來說無用，她用淚水和懇求過了各個關口。最後，她找到了她兒子所在的戰地醫院。然後，她找到醫生，她對醫生說：「你能讓我去病房照顧我的孩子嗎？」

醫生說：「我剛讓你兒子睡著了，他的情況非常糟糕。我怕你會弄醒他，他會太激動，會由於激動而死掉。你最好在外面等一會兒，等我見機慢慢告訴他你來了這個消息。」

母親盯著醫生的臉，說：「醫生，如果我的孩子醒不過來，我就再也見不到他活著了！讓我坐在他身邊，我不會跟他說話。」

「如果你不和他說話，你就去看他吧。」醫生說。

她悄悄來到兒子的病榻邊，看著她兒子的臉。太久了，她多麼渴望看他一眼！當她凝視他的臉時，她的眼睛閃閃發光！當她走得足夠近時，她無法把手揣起來。她就把那溫柔、充滿愛的手放在兒子的額頭上。手一碰到額頭，眼睛都沒睜開，兒子就喊道：「媽媽，你來了！」他知道那充滿愛的手的觸摸。那手充滿了愛和憐恤。

哦，罪人；如果你感受到耶穌慈愛的觸摸，你會認出它；它充滿柔情。世界可能對你不友善，但基督永遠不

會。在這個世界上，你永遠不會有比耶穌更好的朋友。你需要的，是今天就來到祂面前。讓祂慈愛的膀臂擁抱著你；讓祂慈愛的手撫摸你。祂會用強大的力量托住你。祂會保守你，用祂的溫柔和慈愛充滿你的心。

我可以想像你們中的一些人會問：「我怎麼去到祂那裡？」那還用問，就像你去找你母親一樣。你是否曾給你母親造成很大的傷害，犯了很大的錯誤？如果是這樣，去對她說：「媽媽，我要你原諒我。」以同樣的方式對待基督。今天就去祂那裡，告訴祂，你不曾愛祂，你不曾正確對待祂；承認你的罪，看看祂會多快地祝福你。

我想起了另一件事——一個年輕人被軍事法庭審判，並下令被槍決。聽到這個消息，他父母的心都碎了。那家有個小女孩。她讀過亞伯拉罕・林肯的生平，她說：「如果亞伯拉罕・林肯知道我父母有多愛他們的兒子，他就不會讓我哥哥被槍殺。」她想讓父親去華盛頓為他的兒子求情。父親說：「不，沒有用；法律必須執行。他們已經拒絕赦免一兩個被軍事法庭判刑的人，況且，總統已經下令不再乾涉。如果一個人被軍事法庭判刑，他必須承擔後果。」這一對父母沒有信心兒子會被赦免。

但是，這個小女孩充滿了希望。她從老遠的佛蒙特州登上火車，向華盛頓市出發。當她來到白宮，站崗

的士兵們不讓她進去。她就把家裡的悲慘經歷講給士兵們聽，他們就放她進去。她來到總統秘書室，秘書把她擋在總統的辦公室外。小女孩就講了她的故事，秘書的心也被打動了，他就讓她進去。當她走進亞伯拉罕・林肯的房間時，美國參議員、將軍、州長和政要們都聚在那裡，正要討論有關戰爭的重要事務。但是，林肯總統碰巧看到那個女孩子站在門口。他想知道她要什麼。小女孩直接走到他跟前，用她自己的話講了她的故事。林肯也是個做父親的，聽了小女孩的故事，粒大的淚水從他的臉頰上滴落下來。他即刻寫了一封信送到軍隊，讓那個年輕人立即被送到華盛頓。年輕人到達後，林肯總統就赦免了他。為了讓他父母親開心振作起來，還給了他三十天的假期，把他和小女孩一起送回家。

你想知道如何歸向基督嗎？就像那個小女孩去見亞伯拉罕・林肯一樣。你也許有一個黑暗的故事要講。把它全部講出來，毫無保留。如果亞伯拉罕・林肯能同情那個小女孩，回應她的懇求，你想主耶穌會不聽你的禱告？你認為亞伯拉罕・林肯，或任何一個生活在地球上的人，都如同基督一樣富有同情心？不！當沒有人會同情你，祂會同情你。當沒有人會憐憫你，祂會憐憫你。當沒有人會哀憐時，祂會哀憐。倘若你直接去找祂，承認你的罪和需要，祂會拯救你。

無法測度的愛

一些年前，有個人離開英國去了美國。他是英國人，後歸化為美國公民。幾年後，他身心疲乏，對現狀不滿，就去了古巴。他在古巴待了一段時間後，那裡爆發了內戰。[6] 那是1867年，這名男子被西班牙政府以間諜身份逮捕。他被軍事法庭審判，被判有罪，並判處槍決。整個審判都是用西班牙語進行的，這可憐的傢伙語言不好，一頭霧水，不知道發生了什麼。

當他們告訴他判決結果，他被判有罪並被判處槍決後，他要求到美國和英國大使館面訴。他把整個案子擺在使館人員面前，證明自己是清白的，並要求保護。使館審查了這個案子後，發現這個被西班牙軍官們判處槍決的人完全是無辜的。他們去見西班牙將軍，說：「瞧，這個被你判處死刑的人是無辜的，他沒有罪。」

但這位西班牙將軍說：「他受到我們的法律審判。他被判有罪，他必須死。」由於當時沒有電纜可以發送電報，使館的人無法與他們的政府協商。

清晨來臨，該男子將被處決。他被推車帶出來，坐在他的棺材上，被帶到行刑的地方。墳坑挖好後，士兵們把棺材從車裡卸下來，讓那人坐在上面，然後用一個黑色的兜帽蓋住他的臉。西班牙士兵們就等著開槍的命令。正在這時，美國和英國的領事騎馬趕過來了。英國領事跳下馬車，拿起聯合傑克（Union Jack），既

6　古巴自1511年起為西班牙的殖民地，直到1898年西班牙放棄主權。期間，要求獨立的戰爭連年不斷。

英國國旗,裹在那人身上。美國領事把星條旗裹在他身上。然後,領事們轉過身來,面向西班牙軍官,說:「如果你有膽,就向這些旗幟開火。」那些西班牙官兵們不敢向這些旗幟開火。因為,這旗幟背後有兩個偉大的政府。這就是秘密所在。

祂帶我入筵宴所,以愛為旗在我以上……祂的左手在我頭下;祂的右手將我抱住(歌 2:4,6)。感謝神,如果我們願意的話,我們今天就可以在這旗下。今天,任何可憐的罪人都可以來到這旗幟之下。祂愛的旗幟在我們之上。有福祉的福音;祝福,寶貴的消息。今天就信;接受它,讓它進入你的心,進入新的生命。今天,讓聖靈將神的愛澆灌在你的心中(羅 5:5)。它將驅逐黑暗。它將驅散陰霾。它將驅除罪惡。平安與喜樂將屬於你。

第二章

天國之要道

人若不重生,就不能見神的國(約 3: 3)

這段經文,可能是我們所知道的神話語中最熟悉的一句話。如果,我問任何聽眾,他們是否相信耶穌基督教導了重生的教義,十之有九會說,「是的,我相信祂是這麼教導的。」

這段經文呈現了我們所面臨的最嚴肅的問題之一。我們可以在很多事情上受騙,但不能在這件事上受騙。基督說得很清楚。祂說,人若不重生,就不能見神的國。因此,重生的教義是我們對來世所有希望的根基。它確實是基督教的基礎知識。我的經驗是,如果有人在這個教義上模稜兩可,那麼他對聖經中所有其他基本教義都不置可否。真正理解這個教義,將幫助一個人在他遇到神的話語時,解決可能有的

眾多困難。以前看起來似乎很黑暗很神秘的東西，會變得豁然開朗。

重生的教義讓所有錯誤的宗教惱恨——所有關於聖經和神的錯誤觀點。我的一個朋友曾經告訴我，一次主日聚會後，有個人帶著一長串問題來找他，他說：「我已經打定主意，要是你能回答這些問題，使我滿意，我就成為一名基督徒。」

「你不認為，」我的朋友說，「你最好先到基督這裡來？然後你可以研究這些問題。」那人想，也許最好這樣做。在接受了基督之後，他再來看那一長串問題，似乎所有的問題都有了解答。

尼哥底母（Nicodemus）懷著憂愁的心來見基督，基督對他說，你們必須重生。他得到的接待和回答與他預期的完全不同。（參 約 3）但我認為，那是他一生中最有福的夜晚。重生，乃是我們在這個世界上將能得到的最大祝福。

看看聖經怎麼說。若非一個人重生，或從聖靈生。我們發現，「若」（Unless）這個字在聖經出現許多處，我這裡只列舉三處：你若不悔改，都要如此滅亡（路 13：3, 5）。你們若不迴轉，變成小孩子的樣式，斷不得進天國（太 18：3）。你們的義若不勝於文士和法利賽人的義，斷不能進天國（太 5：20）。說的都是同一個意思。

我很感謝我們的主是對這位猶太人的領袖、猶太律

法的博士講重生，而不只是對撒瑪利亞井邊的婦人、稅吏馬太或撒該說的。若祂將這件事關重大的教導留給後面這三個人，或者諸如此類的人，人們會說：「哦，那當然囉，這些稅吏和妓女當然需要悔改。可我是一個正直的人，我不需要歸正。」尼哥底母是耶路撒冷猶太人中的精英；史上沒有任何有關他的不良記錄。

我想，我幾乎沒有必要證明我們需要重生才能進天堂。我敢說，除非他從聖靈生，沒有一個誠實的人會說他已經有資格進入神的國度。聖經教導我們，人，以本性而言，是失落和有罪的。我們的經驗亦證實這一點。我們知道，即使最好、最聖潔的人，一但背離神，很快就會陷入罪中。

現在，我來談談重生不是什麼。它不是去教堂。很多時候，當我見到人時，我會問他們是否是基督徒。「是的，我當然是嘍；我每個星期天都去教堂。」啊哈，但這不是重生。

還有人說，「我正在努力行善——我不是基督徒嗎？這不是重生嗎？」不，這與重生有什麼關係？還有一類人——那些「棄舊圖新」的人，也認為自己得了重生。不，圖新並非重生。

即使受了洗對你也沒有任何用處。但你聽到人們說：「不是嗎，我受洗了，我受洗時就重生了。」他們如此相信，是因為他們以為受洗進入教會，也就受洗進

入神的國。我告訴你，這完全是兩碼事。你也許受洗加入教會，但沒有受洗歸入神的兒子。受洗本是無可非議的——若我就受洗說任何惡語，求神鑑察。但是，若你把受洗與重生相提並論——取代新生——這可是個致命的錯誤。你不能靠受洗進入神的國。人若不重生，就不能見神的國。若有人在閱讀本文時將希望寄託在其他任何東西上——或任何其他根基上——我祈禱神將這些東西掃除滌蕩。

另一群人說：「我參加主的晚餐；我常領受聖餐。」神祝福的聖餐！耶穌說過，每當你這樣行，你當紀念祂的死。但那不是重生；不是出死入生。耶穌說得很明白，而且明白無誤。人若不重生，就不能見神的國。聖餐與此有何關係？去教會與重生有何關係？

一個人走過來，說：「我常常禱告。」我說，禱告也並非與從聖靈生的等同。這是一個擺在我們面前非常嚴肅的問題，每個讀者都當認真而信實地問自己：「我重生了嗎？我是從聖靈生的嗎？我是否已經出死入生了？」

有一群人說，對某些人來說，特別的聚會非常好。它們的確會非常好：如果你能把酒鬼弄到那裡，把賭棍弄到那裡，或者把其他惡人弄到那裡——那會有很大的好處。但是，「我們不需要歸正，」他們說。基督對誰說出這些智慧的話？尼哥底母。尼哥底母是誰？他是

酒鬼、賭徒還是小偷？不！毫無疑問，他是耶路撒冷最優秀的人之一。他是一位德高望重的領袖。他屬於猶太公會（Sanhedrin）。他的地位非常高。他是一個虔誠的人。他是最有智慧的人之一。然而，基督對他說了什麼？人若不重生，就不能見神的國。

但是，我可以想像有人會說：「我該怎麼辦？我無法創造生命。我當然無法自救。」你當然不能，我們也不聲稱你可以。我們告訴你，任何人，沒有基督，就絕對不可能變得更好；但這偏偏就是人們正在努力做的事情。他們試圖修補「老亞當」的本性。然而，必須要有新的創造。重生是新造的，若是新造的，必定是神的作工。在《創世記》第一章，人類還沒有出現。除了神之外，沒有人。人沒有參與創造。神創造地球，僅祂而已。基督救贖世界，僅祂而已。

從肉身生的就是肉身，從靈生的就是靈（約 3：6）。古實人豈能改變皮膚呢？豹豈能改變斑點呢？（耶 13：23）若能這樣，你不妨在沒有神的幫助下，使自己變得純潔和聖潔。你若能行，就如一個人能改變他的膚色一樣容易。一個人若能以肉身侍奉神，不妨嘗試跳過月亮。所以，從肉身生的就是肉身，從靈生的就是靈（約 3：6）。

神在這一章告訴我們如何進入祂的國度。我們不以自己作工得拯救，倘若可能的話，救贖當是值得作

工而獲。我們都承認這一點。假如去天國路上僅是河流和山脈，游過那些河流，爬過那些山，也是值得的。毫無疑問，救恩是值得所有的努力，但是，那不是靠我們的行為能獲得的。惟有不作工的，只信稱罪人為義的神（羅 4：5）。我們作工是因為我們得救了；我們不是為了得救而作工。我們因十字架作工，不是以作工得十字架。就如聖經上所寫，為了作成你的救恩，就當恐懼戰兢（腓 2：12）。你必須先得到你的救恩，然後才能成聖。

假定我對我的小男孩說：「那一百美元，我要你小心地花費。」

「好吧，」他說，「先給我這一百美元，我會小心地花費。」

我記得我第一次離家去波士頓的時候。我把帶的錢都花光了，每天去三趟郵局，看看有沒有從家裡來的郵件。我知道從家裡來的郵件一天只有一次，但我想，或許可能碰上有一封給我的信。最終，我收到了我妹妹的一封來信。收到了這封信，就別提我有多高興了。聽說波士頓有很多扒手，我妹妹的那封信，結果大部分是敦促我要非常小心，不要讓小偷扒我的口袋。但是，在我口袋被人扒之前，首先口袋裡要有東西。同樣，你必須先得救恩，然後才能成聖。

當基督在各各他山大喊：「成了！」祂心口如一。人

們現在要做的，就是接受耶穌基督的聖工。假如想靠自己努力來爭取救恩，就沒有希望。我可以想像，像尼哥底母那樣，有些人會說：「這件事真是不可思議。」我看到那法利賽人皺著眉頭，說：「怎能有這樣的事？」他搔頭抓耳。「重生，從聖靈生！怎麼可能有這樣的事？」

很多人說，「你必須講出道理；如果你講不出道理，甭叫我們相信它。」我可以想像，很多人會這麼說。你要我講出道理，我真誠地告訴你，我做不到。風隨著意思吹，你聽見風的響聲，卻不曉得從哪裡來，往哪裡去；凡從聖靈生的，也是如此（約 3：8）。風為何物，我所知有限。你要我解釋風，我不能。它也許在這裡向北吹，而在一百英里之外向南吹。也許，我上到幾百英尺高，發現它吹的方向與下面這裡完全相反。你要我解釋風的這些氣流，我既不理解又無法解釋，但是，我難道能強詞奪理，耍賴，說：「根本沒有風這樣的東西。」

我可以想像，某個小女孩會說：「我比那個人更知道風；我常聽到風聲，感覺到它吹在我臉上。」她可能會問：「那天，不是風把我手裡的傘吹走了嗎？我不是看到，它在街上吹掉一個男人的帽子嗎？我不曾看到，它吹過森林裡的樹木和農田裡的玉米桿？」

你若對我說，人不可能從聖靈生，那就不妨告訴

我，沒有風這樣的東西。我曾感受到神的靈在我心中作工，就像我曾感受到風吹在我臉上一樣的真實。我無法解釋。世上有很多事情我無法解釋，但我相信。我永遠無法推理出創造。我可以看到世界，但我無法解釋，神是如何從無到有創造出世界。然而，幾乎每個人都承認有創造力的存在。

有很多事情我無法解釋也無法推理，但我相信。我曾聽一位商務旅客說起，他曾聽說耶穌基督的事工和基督教是關乎啟示的，而不是研考的事。保羅說，然而神……樂意將他的兒子啟示在我心裡（加 1: 15-16）。

有一群年輕人，一起去鄉下。在途中，他們打定主意，不相信任何無法推理的事情。一位老人聽見了，便對他們說：「我聽說，你們說凡是不能推理出來的東西，你們都不會相信。」

「是的，」他們說，「就是這樣。」

「好，」他說，「今天，從火車上下來，我注意到一些鵝、羊、豬和牛都在吃草。你們能告訴我，通過什麼樣的過程，同樣的草，卻變成毛髮、羽毛，鬃毛和羊毛？你相信這是事實嗎？」

「哦，是的，」他們說。「儘管我們無法理解，我們不能不相信這是事實。」

「同樣，」老人說，「我不能不信耶穌基督。」

我不得不相信人的重生——當我看到那些被神

拯救的人,當我看到那些被神重造、被神改變、被聖靈賜予新心的人。難道不是一些最壞的人已經重生了——他們的腳從泥坑里拔出來放在磐石上,他們的嘴裡放著一首新歌?他們的舌頭過去用來咒罵和褻瀆,但現在他們用來讚美神。舊事已過,都變成新的了(林後 5:17)。他們不僅被重造,而且重生。他們是在基督耶穌里新造的人。

在我們某個大城市的黑暗小巷裡,有一個可憐的酒鬼。我想,如果你想靠近地獄,你應該去一個可憐的酒鬼家。去那個可憐的酒鬼家。地球上還有比這更像地獄嗎?瞧瞧,在那裡主宰的是匱乏和痛苦。但是聽著!門口傳來腳步聲,孩子們跑著躲藏起來。耐心的妻子等著和丈夫見面。那男人一直是她的煎熬。多少時候,她都是他的出氣筒。多少次,那粗壯的右手落在她毫無自衛的腦袋上。現在,她等著,期待聽他的咒罵、遭受他的虐待。他走進來,對她說:「我去參加了聚會。在那裡,我聽說,如果我轉向神,我就可以歸正。我相信神能夠拯救我。」

過幾週後再去那所房子。多麼大的變化!當你走近時,你聽到有人在唱歌。這可不是哪位參加派對者唱的歌,而是那古老的讚美詩「永久磐石」[7](Rock of Ages)。孩子們不再害怕這個人,而是圍在他的膝

---

7 「永久磐石」(Rock of Ages) 是傳統聖詩。由英國牧師托普拉迪(Augustus Toplady, 1740-1778)所作。

蓋旁。他的妻子在他身邊，她的臉上洋溢著幸福的光芒。這難道不是一副重生的畫面？我可以帶你去很多這樣的家庭，因基督福音的重生力量而喜樂。人們需要的是戰勝試探的能力，過敬虔生活的能力——而這種能力存在於神的聖靈中。

進入神國的唯一途徑就是 *出生* 在其中。美國的法律規定，總統必須是出生在這個國家。當外國人進入我們的國土，他們無權抱怨這項禁止他們成為總統的法律。既然如此，神難道沒有權利制定一項法律，要求所有凡承受永生的人都必須 *出生* 在祂的國度裡嗎？

一個未得重生的人，寧願下地獄也不願上天堂。取一個滿心敗壞邪惡的人，把他放在天上，在純淨者、聖潔者、救贖者之中，他不會想要呆在那裡。當然，如果我們要在天堂喜樂，就必須開始在地上活出天堂。天堂是為有準備的人預備的地方。如果一個賭徒或褻瀆者被帶出紐約街頭，放在天堂的水晶路上和生命樹下，他會說：「我不想留在這裡。」人若按照本性被帶到天上，內心未得重生，天上就會再有一次叛逆。天堂是由重生的人組成的。

在《約翰福音》三章14-15節我們讀到，摩西在曠野怎樣舉蛇，人子也必須照樣被舉起來，叫一切信他的人都得永生。一切信他的人——關注這話！讓我告訴那些尚未得救的人，神已經為你做了什麼。為了你的

救贖，祂已經做了祂所能做的一切。你不需要等待神做更多的事情。在聖經的某一處，祂問祂還能做什麼。我為我的葡萄園所作之外，還有什麼可作的呢？（賽 5：4）祂差遣祂的先知，他們殺了先知；然後，祂差遣祂的愛子，他們殺了祂。現在，祂差遣聖靈來說服我們認罪，並告訴我們如何才能得救。

本章告訴我們如何得救：即靠被舉在十字架上的那一位得救。摩西在曠野怎樣舉銅蛇，人子也必照樣被舉起來；叫一切信他的，不至滅亡，反得永生。有人抱怨說，要為六千年前的一個人的罪負責，是很不合理的。不久前，就有個人跟我談論這種他所認為的不公正。如果一個人會這樣回應神，我告訴你，這對他沒有任何好處。假如你失落了，那並不因為是亞當的罪。

讓我舉例來說明一下，這樣，也許你會更好地理解它。假設，我得了肺結核，是我從父母親那裡傳染的。我現在瀕於死亡。假設，我患上這種病，不是因為自己的過錯或對健康的疏忽，而是從父母親那裡繼承下來。碰巧，有個朋友來看我；他看著我，說：「慕迪，你病得不輕。你得了肺結核。」

我回答說：「我知道。我不用任何人告訴我。」

「但是，」他說，「有個藥方可以醫治。」

「是嗎，我不相信。我看過本國和歐洲的頂尖醫生，他們告訴我沒有希望。」

「不過,你知道我,慕迪;你認識我很多年了。」

「是的,沒錯。」

「那你覺得,我會跟你說謊嗎?」

「當然不會。」

「那好,十年前,我和你一樣病得不輕,醫生都放棄了,就等死。但是,我吃了這個藥,它治好了我。我現在完全好了。你看我。」

我說,「你這個病例非常不尋常。」

「是的,也許很不尋常,但這是事實。這藥治癒了我;服用此藥,它會治愈你。雖然,我付出了很多代價,你不用花費任何東西。不要輕看,求求你了。」

「這麼說吧,」我說,「我願意相信你,但這實在不合我的推理。」

聽到這句話,我的朋友離開了。過後,他帶了另一個朋友回來。那位朋友也為這事作證。我仍然不信,他就又離開了,帶來另一個朋友;然後,一個接一個,他們都為這事作證。他們都說和我一樣病得不輕,但服用了介紹給我的藥,結果都痊癒了。然後,我的朋友把藥遞給我。我馬上把藥扔到地上。我不相信它的藥力,結果我死了。理由嘛,是我拒絕了救藥。

所以,如果你滅亡,不是因為亞當墮落了,而是因為你拒絕了拯救你的救恩。你選擇黑暗而不是光明(約 3: 19)。我們若忽略了這麼大的救恩,怎能逃罪

呢？（來 2：3）。你若忽略救恩，你就毫無希望。看著創傷是沒有用的。比方我們在以色列人的營地裡，被火蛇咬傷，單看創口百無一用。光盯著傷口救不了任何人。你必須看著救恩――仰望那位有能力將你從罪惡中拯救出來的主。

看看《民數記》二十一章6-9節所描繪的以色列人營的場景！許多人，因為無視神所賜的救藥，而正在死去。那乾旱的沙漠中有許多小墳墓；眾多孩子被火蛇咬死。父母親正在埋葬他們的孩子。在那邊，他們正在埋葬一位母親；一位深愛的母親即將被埋葬在土下。一家人哭泣著，圍在心愛的死者周圍。你聽見悲哀的哭聲；你看到苦澀的淚水。父親被抬到他最後的安息之地。營地裡到處都是哀哭聲。萬人已逝，遍地哀嚎；更有數千人瀕臨死亡，如瘟疫蔓延營地。

在一個帳篷裡，我看到一位以色列母親彎下腰，俯身望著自己心愛的兒子。這男孩剛步入成年，生命正當綻放。她正在抹去兒子額頭上的汗珠，那不斷積聚的死亡汗珠。很快，他的眼睛變得凝滯，生命正在迅速消亡。母親的心弦撕裂，流血。突然間，她聽到營地里傳來一陣嘈雜聲。接著，一聲大喝轟然響起。這是幹什麼？她走到帳篷門口。「營地裡什麼噪聲？」她問路過的人。

有人說:「我的好婦人, 你沒有聽到營地的好消息嗎?」

「沒有啊,」婦人說。「好消息! 什麼好消息?」

「怎麼, 你沒聽到嗎? 神提供了一個救藥。」

「什麼! 為被咬的以色列人? 告訴我是什麼救藥!」

「哦, 神吩咐摩西製造一條銅蛇, 把它掛在營地中央的一根桿子上。祂已經宣布, 凡望它的就必活。你聽到的喊叫是民眾的呼喊, 當他們望見蛇被舉起來了。」

母親回到帳篷, 說:「孩子, 我有個好消息要告訴你。你不必死! 我兒, 我兒, 我帶來了好消息, 你可以活下去!」他很驚訝, 但他虛弱到無法走到帳篷門口。母親把她強壯的手臂放在他身下, 將他扶起。「看那邊, 看那邊山下!」

但男孩什麼也沒看見。他說:「我什麼也沒看見; 是什麼, 母親?」

她說:「繼續找, 你會看到的。」終於, 他瞥見了那條閃閃發光的銅蛇, 就那一望, 他立刻痊癒!

眾多初信的歸信者也是如此。但還是有人說,「我們不相信剎那間的歸正。」治愈那個男孩用了多長時間? 治愈那些被蛇咬的以色列人要多久? 只是單單一望, 他們瞬間痊癒。

那個希伯來男孩就是一個年輕的歸信者。我可以想像, 他正在召喚所有同在的人讚美神。他看到另一

個年輕人像他一樣被蛇咬，他跑到年輕人身邊告訴他，「你不必死。」

「哦，」年輕人回答說，「我活不了；這不可能。以色列沒有醫生能治好我。」他不知道他不必死。

「你沒有聽到這個消息嗎？神已經賜下救恩。」

「什麼救恩？」

「神吩咐摩西舉起一條銅蛇，說，凡仰望那蛇的必不死。」

我可以想像那個年輕人。他可能就是你所說的有學問的人。他對初信的歸信者說：「你以為我會相信這樣的事，是嗎？如果以色列的醫生不能治愈我，你怎麼會認為桿子上的一條古銅蛇能治好我？」

「為什麼，我可是和你一樣病重！」

「你別這麼說！」

「是的，我說的一點不錯。」

「這可是我聽過的最出人意料的事，」年輕人說。「希望你能解釋一下它是如何運作的。」

「我不能。我只知道我望了那蛇，我就被治癒了。就這樣。我只是看了一眼；僅此而已。我母親把在營地裡聽到的消息告訴我，我相信我母親說的。我現在完全康復。」

「這樣吧，我不相信你被咬得像我一樣嚴重。」年輕人挽起袖子，「瞧！那個創口是我被咬的地方。我告訴你，我被咬得比你厲害多了。」

「再說吧，假如我知道它是如何運作的，我也許就會望，好起來。」

「你根本不必全部理解；只要仰望就存活。」

「但是，你要我做一件不合常理的事。如果神說，拿銅器把它擦在傷口上，銅器裡也許有東西可以治愈咬傷。伙計，給我解釋一下到底是怎麼回事。」

在我面前，我常常看到這樣說話的人。於是，那治癒的年輕人叫來了另一個人，把他帶到帳篷裡，然後說：「告訴他，主是如何拯救你的吧。」那人講了同樣的故事。他又召來其他人，他們都說了同樣的經過。

年輕人說這真是一件很怪的事。「如果耶和華吩咐摩西去取些藥草或根莖，把它們燉煮，然後把濃湯當藥吃，那濃湯裡也許有些成分可以治病。但光看蛇這種事是違背自然的，我做不到。」

最後，他那一直在營地的母親進來了，她說：「我的孩子，我有世上最好的消息要告訴你。我在營地裡，我看到數百人已奄奄一息，他們現在都徹底康復。」

青年道：「我想康復，想到死真是很痛苦。我想進入應許之地；死在這曠野裡，太可怕了。但事實是，我不明白這個療法。它沒有任何道理。我無法相信我會在一瞬間康復。」結果，這個年輕人因不信而夭亡。

神為這個被咬傷的以色列人提供了一種救藥：「仰望，活著！」 永生，賜給每個可憐的罪人。仰望，你

就可以得救，我的讀者，就在此時此刻。神已經賜下拯救，並且賜給所有的人。問題是，很多人都在看桿子。不要看桿子；那就是教會。你不要看教會；教會很好，但教會救不了你。越過桿子。仰望被釘十字架的那一位。定睛在各各他。記住，耶穌為每一個人而死。你不需要看牧師；他們只是神揀選的工具來高舉拯救——基督。所以，我的朋友們，把你們的目光從人身上移開；把你的目光從教會挪開。舉目仰望耶穌，那塗抹世人罪孽的，你將立馬找到生命。

感謝神，我們毋需正規教育來教我們如何看。這個小女孩，那個小男孩，只有四歲，不識字，但眼睛會看。當父親回家時，母親對她的小男孩說：「看！看！看！」 小孩子在滿一歲之前就學會了看。這就是得救的方法：仰望除去世人罪孽的神的羔羊（約1：29）。此時此刻，每一個願意仰望神羔羊的人都將得著生命。

有些人說：「我要知道如何得救就好了。可惜，我不知道。」 你只要相信神的話，就在今天——此時——此刻，信祂的兒子。如果你信祂，祂就會拯救你。我聽到還有人說：「我感覺不到被蛇咬——我覺得我不是那麼地需要救主。我知道我是一個罪人和其他的瑕疵，但我感覺不到被咬得夠嗆。」感受，神要你感受到多少才算數？

我在貝爾法斯特（Belfast）時，認識了一位醫生。他

有一位朋友，一位著名的外科醫生。他告訴我，這位外科醫生有個習慣，他在做任何手術之前，會對病人說：「好好看看傷口，然後把你的眼睛盯住我；在我做完手術前，不要把眼睛從我身上移開。」我當時認為這是一個很好的例證。罪人，先好好看看你的傷口，然後把你的眼睛定睛在基督身上，不要從祂身上移開。定睛在救恩，不要定睛在創傷。看看你是一個多麼可憐可悲的罪人，然後仰望那神的羔羊，除去世人罪孽的。(參 約 1：29) 耶穌是為不敬虔的人和罪人而死。說：「我要接受祂！」願神幫助你將目光轉向各各他的人子。以色列人怎樣仰望蛇就治癒了，你也照樣可以仰望耶穌而活著。

匹茲堡碼頭戰役[8]（The Battle of Pittsburg Landing）後，我在默弗里斯伯勒[9]（Murfreesboro）的一家醫院裡。有天半夜，我被叫醒，告訴我其中一個病房裡的一個人想見我。我去見他，他叫我「牧師」（我不是牧師），並說他希望我幫助他作好死去的準備。我說：「如果能行，我會直接把你抱在懷裡，帶你進入神的國度，但我做不到。我救不了你！」

他問：「誰能？」

我說：「主耶穌基督能；祂正是為此而來。」

8　匹茲堡碼頭戰役（The Battle of Pittsburg Landing），又名夏羅之役（Battle of Shiloh, 1862年4月6日－4月7日）。為美國南北戰爭其中的一場戰役，發生於田納西州（Tennessee）。

9　默弗里斯伯勒（Murfreesboro）地處田納西州中部。亦為美國南北戰爭戰場之一。

我說:「祂來是要拯救罪人。」 我想到他在北方的媽媽,確信她擔心他能否安然死去,我決定和他在一起。我禱告了兩三次,重複我能做的所有承諾,因為很明顯,再過幾個小時他就會死去。我說,我想給他讀一段基督與一個為自己的靈魂焦慮的人的對話。我翻到《約翰福音》的第三章。他的眼睛緊緊盯著我。當我讀到第14和15節時,他聽到了這話,摩西在曠野怎樣舉蛇,人子也必照樣被舉起來;叫一切信祂的都得永生(約 3:14-15)。

他攔住我說:「這話寫在那裡嗎?」

我說「是。」

他讓我再讀一遍,我就照做了。他手肘靠在床上,雙手合十,說:「很好,你能再讀一遍嗎?」我讀了第三遍,然後繼續閱讀本章的其餘部分。我讀完後,他閉著眼睛,雙手合十,臉上掛著笑容。哦,那張臉是如此的光亮!他身上發生了什麼變化!我看到他的嘴唇在顫抖,我俯下身,聽到他微弱的細語,摩西在曠野怎樣舉蛇,人子也必照樣被舉起來;叫一切信祂的都得永生。

他睜開眼睛,說:「這就夠了,別再讀了。」沉浸於那兩節經文,他又滯留了幾個小時。然後,他乘著基督的一駕馬車升上天,在神國里就座。

基督對尼哥底母說,人若不重生,就不能見神的

國。你可能去到過許多國家,但只有一個國家,比拉地[10]（the land of Beulah）,約翰・班揚[11]（John Bunyan）在異像中看到的,除非你重生,被基督重生,否則你永遠不會見到。你環顧四周,看到許多美麗的樹木,但除非因你對救主的信心,使眼睛變得明亮,否則你永遠不會看到生命樹。你可能會看到地上美麗的河流,但請記住,除非你重生,否則你永遠不會注目從神的寶座噴湧而出、流經天國的河流。這是神說的,不是人說的。若非重生,你永遠不會見到神國。你也許會見到地上的君王和領主,但除非你重生,你永遠不會見到萬王之王和萬主之主。當你在倫敦的時候,你或許會去倫敦塔,看看那價值數千美元、士兵把守的英格蘭王冠,但請記住,除非你重生,否則你永遠不會定睛在生命的王冠上.

你也許聽到在地上頌唱的錫安聖詩,[12] 但有一首歌,摩西和神羔羊的歌,[13] 除非你重生,否則你的耳朵永遠聽不到;它的旋律,只會讓那些以聖靈所生的人聽著感到愉悅。你可能會看到地上許多華麗的

---

10 比拉地 （the land of Beulah）是聖經《以賽亞書》中提到的一塊土地。這是猶太人必須返回的土地；一個地上的天堂。參見《以賽亞書》六十二章。

11 約翰・班揚 （John Bunyan, 1628 – 1688）. 英格蘭基督教作家、佈道家,其著作《天路歷程》（The Pilgrim's Progress）是家喻戶曉,最著名的基督教寓言文學作品。

12 錫安聖詩或錫安之歌指的是抒情的讚美詩,當初表達了猶太民族渴望看到錫安山和耶路撒冷城再次煥發出昔日輝煌的光輝。現通指基督教的聖詩歌曲。

13 摩西和神羔羊的歌,參見《啟示錄》十五章。

莊園大廈，但請記住，若非重生，你將永遠不會看到基督為重生的人準備的宮殿。說這話的是神。在這個世界上，你可能會見到成千上萬個美麗的事物，但除非你重生，你永遠不會看到亞伯拉罕瞥見的那座聖城。從他望見那時起，亞伯拉罕就成了朝聖者和寄居者（來 11：8,10-16）。你可能經常被邀請參加婚宴；但除非你重生，你永遠不能參加羔羊的婚宴。這是神說的，我親愛的朋友。今晚，你也許看著敬虔的母親的臉，知道她在為你祈禱，但總有一天，除非你重生，否則你將永遠不會再見到她。

你也許是一位年輕男士或女士，俯在臨終的母親床邊，她可能會對你說：「我們一定要在天堂見」，你向她保證你會的。但除非你仰望神的羔羊，你將永遠不會再見到她。你當相信拿撒勒人耶穌，不要相信那些非信徒，說你不需要重生。

父母們，倘若你們希望再見到你們死去的孩子，你們必須從聖靈生。可能你是一位父親，或母親，最近安葬了一個心愛的孩子，你的家顯得昏暗沉重。但除非你重生，你將永遠不會再見到你的孩子。如果，你想與你所愛的人再次團聚，你必須重生。我也許是對一位在天堂有親人的父親或母親講話。如果，你能聽到那個親人的聲音，那聲音會說：「到這裡來。」 你在那裡有一個屬神的朋友嗎？

年輕人或年輕姑娘，你親愛的母親已經在天堂了嗎？如果你能聽到她說話，她會不會說：「背離這世界，跟隨耶穌，我的兒子」，「仰望耶穌，我的女兒」？你若想再見到她，惟有重生。

在那裡，我們有一位長兄。兩千多年前，祂從天上降到世間；現在，祂正從天邊呼召你到天堂。讓我們背棄這個世界。讓我們對這世界置若罔聞。讓我們仰望十字架上的耶穌而得救。終有一天，我們會看到那巍麗的君王，我們將永世無窮地與祂同住。

第三章

兩群人

有兩個人上殿裡去禱告 (路 18: 10)

有兩種人生活在世界上。前者不覺得自己需要救主，也沒有因著聖靈而知罪；第二種人知罪並疾呼：「我必須怎樣行才能得救？」

所有的尋求者都可以歸為兩類人：要麼具有法利賽人的心態，要麼稅吏的心態。假如，一個具有法利賽人心態的人來參加我們的討論，提出問題，想要了解更多有關重生的信息，我想沒有比《羅馬書》三章10-11節的經文更適合他的情況：就如經上所記，沒有義人，連一個也沒有； 沒有明白的，沒有尋求神的。

法利賽人的心態

在這裡，保羅說的是自然人、或未得救的人。都是偏離正路，一同變為無用。沒有行善的，連一個也沒有（羅 3: 12）。《羅馬書》三章17-19 節：平安的路，

他們未曾知道。他們眼中不怕神。我們曉得律法上的話，都是對律法以下之人說的，好塞住各人的口，叫普世的人都伏在神審判之下。

請看第 22 和 23 節：並沒有分別；因為世人都犯了罪，虧缺了神的榮耀。不是人類的一部分——而是所有人——都犯了罪，虧缺了神的榮耀。

《約翰一書》一章8節，是給人定罪的另一段經文：我們若說自己無罪，便是自欺，真理不在我們心裡了。有一次，我們在東部一個擁有四萬居民的城市聚會。一位女士來請我們為她的丈夫禱告，她想要帶他來參加接下去的聚會。我跑過很多地方，遇到過很多法利賽人，但此人太自以為義了，沒有任何認罪悔改之心。我對他的妻子說：「我很高興看到你的信心，但是，實話說，要讓他開始看到神的真理，我們都束手無策；他是我所見過的最自義的人。」

她說：「我懇求你！如果這些聚會結束了，他還沒有歸正，我的心會碎的。」她執意要帶他來，我卻已經看膩了他。然而，在我們三十天的聚會即將結束時，他走到我跟前，把他顫抖的手放在我的肩膀上。

開會的地方比較冷，只有隔壁房間點了煤氣。他對我說：「你能進來幾分鐘嗎？」我以為他手發抖是凍的緣故，但我實在不想跑到更冷的房間。可是，他說，「我是佛蒙特州最壞的人。我要你為我禱告。」

我想他一定犯了謀殺罪或其他可怕的罪行，就問：「是否有什麼罪讓你特別困擾？」

他說：「我這一生都活在罪中。我一直是一個自負、自以為是的法利賽人。我要你為我禱告。」他對自己的罪深感痛悔。人本身不能產生這種結果，惟有聖靈才能。凌晨兩點左右，光照進了他的靈魂。他走上街頭，逢人便講神為他所做的一切。從那以後，他一直是一個最活躍的基督徒。

耶穌自己用了四段關乎探尋者的經文。我實實在在地告訴你：人若不重生，就不能見神的國（約 3：3）。

《路加福音》十三章3節，我們讀到：你們若不悔改，都要如此滅亡！

《馬太福音》十八章，當門徒來到耶穌那裡，想知道誰將是天國最大的，祂就領了一個小孩子，把他放在門徒中間，說，我實在告訴你們：你們若不迴轉，變成小孩子的樣式，斷不得進天國（太 18：3）。

《馬太福音》五章20節還有一個重要的「若非」：你們的義若不勝於文士和法利賽人的義，斷不能進天國。

在他願意進神國前，一個人必須被改造成「合適」或配得。想到浪子的故事，我寧可跟弟弟進天國，也不願跟那位「卻生氣，不肯進去」（路 15：28）的兄長待在外面。對這樣的人來說，天堂就是地獄。一個不能為弟弟的歸來歡喜的兄長，是不配進神國的。這是值

得深思的、一件嚴肅的事情：帷幕落下，他留在外面，弟弟則在裡面。對這位兄長來說，救主的話似乎很合適：我實在告訴你們：稅吏和娼妓倒比你們先進神的國（太 21：31）。

有位女士來找我，想讓我幫她女兒一個忙。她說：「你必須記住，我不同意你的教義。」

我問：「你有什麼不同意見？」

她說：「我覺得你對那兄長的論斷很糟糕。我認為他是一個品格高尚的人。」

我說我願意聽她為他辯護，不過，採取為他辯護的立場是一件嚴肅的事情。兄和弟一樣需要悔改歸正。當眾人論道德的時候，他們得好好看看那老父親：他苦求那不肯進去的長子。

稅吏的心態

我們現在來討論另一群人。這群人是由那些深信自己有罪的人組成，他們的呼聲如同腓立比的獄卒，我當怎樣行才可以得救？（徒 16：30）對發出這種痛悔前非呼喊的人，毋須施行律法。他們已意識到自己是罪人。直接把他們領到聖經就好：當信主耶穌，你和你一家必得救（徒 16：31）。很多人會皺著眉頭說，「我不知道什麼是信」，儘管天上的律法宣布惟有信才

能得救,他們仍然問,除此之外還要什麼。他們要我們告訴他們信什麼,何處信,如何信。

《約翰福音》三章35-36節,我們讀到:*父愛子,已將萬有交在祂手中。信子的人有永生; 不信子的人得不著永生*(合和本原註: 原文作「不得見永生」), *神的震怒常在他身上。*這話言之有理。人因不信而喪生——因不信神的話語; 我們因信而重獲新生——因信神的話而得著。換言之,我們從亞當跌倒的地方站起來。亞當被不信的石頭絆倒; 我們因信而被扶起並站立。

當人們說他們不能相信時,給他們看《約翰福音》三章那幾節,只要他們抓住一件事:「六千年來,神何時違背了祂的應許?」 魔鬼和人無時無刻地企圖找出神言而無信的單單一個破口,但終徒勞無功。神若言而無信,地獄今日便有一個禧年[14](Jubilee)。如果某人說他無法相信,僅就這一件事問他便好。

如今,我相信神勝過相信我自己的心。*人心比萬物都詭詐, 壞到極處, 誰能識透呢?*(耶 17: 9)。我相信神勝過相信我自己。你若想知道生命之道,便信耶穌基督是個人的救主。拋開所有教義和信條,直接進入神子的心。如果你一直以乾枯的教義為食,就知道,以這種食物為糧,你不會有太多成長。教義之於靈魂,就像通往邀請我吃飯的朋友家的街道一樣。假如我選對了

14　有關禧年(Jubilee),參見《利未書》五章,《以賽亞書》六十一章和《路加福音》四章。

街道，它們會帶我去那裡吃飯，若我滯留在街上，我的飢餓將永遠不會得到滿足。以教義為食就像試圖以糠秕為生；靈魂不吃從天上降下來的糧將持續瘦弱。

有人問：「我如何才能使我的心溫暖？」靠信。除非你相信，否則你沒有能力去愛和事奉神。

使徒約翰說：

> 我們既領受人的見證，神的見證更該領受了；因神的見證是為他兒子作的。信神兒子的人，就有這見證在他心裡；不信神的，就是將神當作說謊的，因不信神為他兒子作的見證。這見證就是神賜給我們永生，這永生也是在他兒子裡面。人有了神的兒子就有生命；沒有神的兒子就沒有生命。（約壹 5: 9-12）

如果我們不聽人的驗證，世事就會停滯不前。如果我們不接受人的驗證，如何處理日常生活中的事務，如何開展業務？社會、商業事務將在四十八小時內停止！這便是使徒論證的旁據。我們既領受人的見證，神的見證更該領受了。神已見證於耶穌基督，人若能相信謊話連篇、時而不忠的同胞，為何不聽從神的話，相信祂的見證呢？

信心即相信見證。這並非是盲目的信仰，如某些人

這樣告訴我們。那絕非信仰。神不會要求任何人相信那信而無實的東西。若讓人妄而信之，不妨讓人無眼而視，無耳而聽，無腳而行。

在我前往加利福尼亞時，我得到一本行路指南。指南書告訴我，過了伊利諾伊州後，我會過密西西比河，然後是密蘇里州。之後，我會進入內布拉斯加州，穿過落基山脈到達摩門教定居點鹽湖城，再經由內華達山脈進到舊金山。一路走來，我發現這本指南沒問題；但是，如果我行了四分之三的路程，一直證明這本指南無誤，然後，卻稱在餘下的旅程中，我不相信它，那我就是一位可悲的懷疑論者。

假定有個人指點我去郵局，說在路上會看到的十個地標，當我前往郵局時，發現其中九個地標正如他所說，我就有充分的理由相信我離郵局近了。

倘若因信，我得著新生命，靈魂充滿前所未有的盼望、平安、喜樂和安息；我有自製力，有能力遏惡行善，我就有確據證明我在正道上前往那座有根基的城，就是神所經營所建的（來 11：10）。

如果事情已經發生並且正在發生，如聖經所記載的那樣，我便有充分的理由得出結論，餘下的應許和預言也將實現。然而，人們還是懷疑。有懼怕就沒有真正的信心。信心就是無條件地相信神的話。有懼怕就沒有真正的平安。完全的愛將恐懼除去（約壹 4：18）。假

如妻子懷疑丈夫，那她該有多可憐；一個母親如果在兒子離開家後，僅僅因為兒子很少聯繫則有理由質疑兒子對她的忠誠，那該有多慘！有真愛便置信不疑。

信仰不可缺少的三樣東西：知識、認同、和落實（將信仰落實在自身）。

我們必須認識神。認識你獨一的真神，並且認識你所差來的耶穌基督，這就是永生（約17:3）。接著，我們不僅必須贊同我們所知道的，而且必須堅持真理。一個人不會僅因為贊同救恩計劃而得救；他還必須接受基督為他的救主。他必須接受並落實祂的旨意——與祂合一——單單信靠祂。

有些人說，他們無法判斷一個人的生活如何會受到信仰的影響。但是，假設某人大聲疾呼房子著火了，而我們碰巧在這房子裡，看看我們如何因信而迅速地跑出來。我們無時無刻受到我們所相信的東西的影響。我們本性使然。因此，你若相信關於基督的記載是神所賜的，那將很快地影響你的整個人生。

思考《約翰福音》五章24節；僅這句經文就有足夠的真理，可以讓每個靈魂都得救。它甚至不留一絲一毫懷疑的餘地。我實實在在地告訴你們，那聽我話，又信差我來者的，就有永生，不至於定罪，是已經出死入生了。

如果一個人真的聽進了耶穌的話，全心相信神（祂差

遣祂的獨生子成為世界的救主），抓住並擁有這偉大的救恩，他就不懼怕審判。他不會懷著恐懼，期待著那偉大的白色寶座，如我們在《約翰一書》四章17節中讀到，這樣，愛在我們裡面得以完全，我們就可以在審判的日子坦然無懼；因為祂如何，我們在這世上也如何。如果我們信，我們就不被定罪，沒有論斷。一切都在我們身後，過去了；在審判的日子，我們將坦然無懼。

我記得讀過一個故事，是關於某人的大審，可以說生死攸關。這人有一些很有影響力的朋友，他們從國王那里為他獲得了赦免，條件是他必須接受審判並被定罪。他走進法庭，口袋裡裝著赦免書。法庭內，反對他的情緒非常強烈，法官說，法庭對他那處之坦然的神態感到震驚。審判結果宣布後，那人把赦免書拿出來遞給法官，然後，以一個自由人的身份走出法庭。他被赦免了；同樣，我們也被赦免了。讓死亡來吧，我們無所畏懼。世上所有的掘墓人合在一起，都無法挖出一個足夠大、足夠深的墳墓，足以來容納永生。世上所有的造棺材的人，都無法造出足夠大和足夠緊的棺材來容納永生。死亡曾觸摸過基督一次，但永遠不會再來。

耶穌說，復活在我，生命也在我；信我的人，雖然死了，也必復活。凡活著信我的人，必永遠不死（約 11：25-26）。在《啟示錄》中，我們讀到復活的救

主對約翰說,又是那成活的;我曾死過,現在又活了,直活到永永遠遠(啟 1:18)。死亡再也無法觸及祂。

我們因信而得生命。事實上,我們得到的比亞當失去的更多;因為神救贖的孩子繼承了,比伊甸園中亞當所能想像的,更豐富、更榮耀的產業。進而言之,這個產業將永遠長存。這產業是絕對的,不能被剝奪。

我寧願將我的生命與基督結合,住在神裡面,也不願住在伊甸園裡。即便亞當在犯罪和墮落之前一萬年就在那裡,他仍然不得不離開伊甸園。在基督耶穌裡,我們永遠是安固的。如果這些事情對亞當來說是真實的,那麼信徒比亞當更有保障。讓我們把這些變成事實而不是虛構。神已經說過了;那就足夠了。即使我們看不見祂,也讓我們相信祂。讓和小瑪吉相同的信心來激勵我們——這是我在《聖經寶庫》(Bible Treasury)中讀到的簡單又感人的故事:

我離開家已有好些天了,在我回程路上快到農莊時,想到我的小瑪吉,剛到可以自己坐起來的年齡,是否還記得我。想試試她的記憶力;我找了個我能看到她,但她看不到我的地方,然後,我用她熟悉的語氣叫她的名字:「瑪吉!」她放下玩具,環顧房間,然後就低頭看了看自己的玩具。我再次叫她的名字:「瑪吉!」她再一次環顧房間,沒有看到父親的臉,她看起來很傷心,然後,慢慢地又接著玩著自己的玩具。我又叫

了一聲「瑪吉！」她丟下玩物，淚流滿面，朝著聲音傳來的方向伸出雙臂。雖然她看不見我，但她知道我一定在那裡。因為她知道我的聲音。

我們有能力看見和聽見，我們也有能力相信。那些心存疑惑的人說他們不能相信，這純粹是愚昧。只要他們願意，他們就可以信。但大多數人的問題在於，他們將感覺與相信聯在一起。感覺與相信沒有任何關係。聖經沒有說「有感覺的人」或「有感覺並相信的人」有永生。沒有那回事。耶穌說，信的人有永生（約 6：47）。我無法控制自己的感覺。如果可以，我永遠不會感到不適、頭痛、或牙痛。我會一直感覺很好。但我可以相信神；我們若立足於那塊岩石（基督），任憑疑惑和恐懼來襲，風浪在我們周圍洶湧澎湃——那岩石（錨）屹然不動。

有些人一直定睛在他們的信心上，而非信的對象。信心是接受祝福的手。我聽說過有關一個乞丐的例子。假設你在街上遇到一個人，你知道他是個乞丐。假設你給了他一些錢，他對你說：「謝謝你，但我不要你的錢。我不是乞丐。」

「這是怎麼回事？」

「昨晚，有個人把一千美元放到我手裡。」

「是嗎！你怎麼知道那錢是真的？」

「我把錢存到銀行里了，還拿到了一本銀行存摺。」

「你是怎麼得到這個禮物的?」

「我去討施捨,那位先生和我聊了之後,就拿出一千塊錢,放在我手裡。」

「你怎麼知道他把錢放在那該拿的手裡?」

「我拿到錢了,還管他把錢放在哪隻手?」

許多人總是在琢磨,他們接收基督的信心是不是純正的那一種,但是,遠比這更為基本的是確定我們有純正的基督。

信心是靈魂的眼睛,只要視力完美,誰會想到取出一隻眼睛,來看看它是不是純正的那一種?這東西雖不合我口味,但我品嚐到的這東西卻滿足我的食慾。所以,親愛的朋友,相信神的話就是我們救恩的手段。真理不能比這個更簡單了。

一個居住在紐約市的人在哈德森河畔有個房子。他的女兒和她的家人來和他一起過冬。正好在這季節中,猩紅熱爆發了。家中有個小女孩被隔離,與眾人分開。每天早上,在他出去做生意前,那人就去跟他的小外孫女說「再見」。有天早上,那小傢伙用手牽著老人,走到房間的一角。一句話沒說,小女孩指著地板上她用餅乾拼寫出來的字條,「外公,我想要一盒塗料。」老人甚麼都沒說。回家後,他掛好外衣,像往常一樣去那房間。他的小外孫女,不曾看她的願望是否被兌現,徑直把他領到同一個角落。在那裡,他看

到了，同樣以餅乾拼寫出來，「外公，謝謝你的塗料。」對這孩子來說，這老人不會錯過任何東西來討她歡喜。那就是信心。

信心就是相信神的話，那些除此之外還想要一些預兆的人，信心上總是遇到麻煩。神說話，我們就信。

但有人說信心乃是神的禮物。空氣也是，但你必須呼吸它。麵包也是，但你必須吃它。水也是，但你必須喝它。有些人想要一種神奇的感受。那不是信心。可見信道是從聽道來的，聽道是從基督的話來的（羅10：17）。那就是信心來自的地方。不是坐下來，等待信心以一種奇怪的感受降下給我；信心是我以神的話相信神。除非有東西可信，否則你不會信。相信並落實神的話。宣稱這道是你自己的並恆守下去。

在《約翰福音》六章47-48節 我們讀到：我實實在在地告訴你們，信的人有永生。我就是生命的糧。這糧觸手可及。參與分享。我家裡可能有成千上萬條麵包，有成千上萬飢餓的人等著得到一條麵包。他們可能同意有麵包這個事實，但除非每個人拿起一條麵包來吃，否則他們的飢餓不會得到滿足。如此，基督乃是天上的糧，正如身體以食物為糧，靈魂必須以基督為糧。

溺水的人見有繩子拋出來救他，他必須抓住它；為此，他必須放下一切。人若有病，必須吃藥，光盯著藥看是治不好的。對有疑問者來說，光知道基督不

會有幫助,除非信祂並接受祂為唯一的盼望。被咬的以色列人也許相信銅蛇被舉起來了。但他們若不望這銅蛇,仍不得活(民 21:6-9)。

我確信某艘遠洋客輪會載我橫渡大洋,因為我已經嘗試過了;但這對另一個想搭此船的人沒有幫助,除非他根據我所知的採取行動。因此,除非採取行動,否則認識基督對我們毫無幫助。這就是相信主耶穌基督的意義。就是照我們所信的去做。就像有人登上一艘橫渡大西洋的船一樣,我們也必須接受基督,並將我們的靈魂委身於祂。祂已應許保守所有信祂的人。相信主耶穌基督就是簡單地按照祂的話來接受祂。

第四章

金玉良言

壓傷的蘆葦，他不折斷（賽 42: 3; 太 12: 2）

尋求救恩的人，光靠別人的經歷而自己不去經歷救恩，是很危險的。許多人期待重演他們祖父母的經歷。我有一個朋友，他是在田野裡信主，他就認為全鎮的人都應該到那片草地上信主。還有一位是在橋底下信了主，他認為任何有疑問的人去那橋底下，就會找到主。對於心情焦慮的人來說，最佳的辦法就是直接去讀神的話語。世界上任何人，只要認為神的話對他們來說是非常寶貴的，他們就是尋求得救的人。

比方說，有人可能會說：「我沒有力量。」就讓他翻到《羅馬書》五章6節：*因我們還軟弱的時候，基督就按所定的日期為罪人死。*正因為我們軟弱，我們才需要基督。祂來，是要給軟弱的人力量。

另有人會說：「我看不見。」基督說，*我是世界的光*

（約8:12）。祂來不僅是要發光，而且要開瞎子的眼（賽42:7）。

還有人說：「我認為一個人不可能一下子得救。」有一天晚上，某個持這種觀點的人在我的諮詢室裡，我請他注意《羅馬書》六章23節：*因為罪的工價乃是死，唯有神的恩賜，在我們的主基督耶穌裡，乃是永生*。白白接受禮物要多長時間？定有片刻，從沒有到擁有——此刻是別人的，下一刻就是我的。不需要六個月才得永生。雖然，信心可能像芥菜籽，一開始很小。有的人是漸漸地認罪悔改，像晨光一樣，分不清黎明是從何時開始的；而其他人，真理如流星般閃爍劃過，瞬間醒悟。我不會穿過馬路去證明我何時歸正，重要的是，要知道我真的已經悔改信主。

一個屬靈孩子可能受過精心訓練，以至於無法判斷新生是從何時開始的，但肯定某時某刻發生了變化，他成了有靈命的人。

有些人不信有瞬間的歸正，就此，我會挑戰任何人在新約中找出一個不是頓時歸正的例子。耶穌從那裡往前走，看見一個人名叫馬太，坐在稅關上，就對他說：「你跟從我來。」他就起來跟從了耶穌（太9:9）。沒有比這更頓時的了。

稅吏撒該想要看看耶穌，因他身材矮小，就爬到一棵樹上。耶穌到了那裡，抬頭一看，對他說：「撒

該，快下來」（路 19：5）。撒該的歸正一定發生在樹枝和地面之間。我們被告知他歡喜地接待耶穌，說，主啊，我把所有的一半給窮人，我若訛詐了誰，就還他四倍（路 19：8）。在我們這個時代，鮮有人能說出這樣的話來證明他們的歸正。

哥尼流全家都頓時信主。彼得向他和同在的人傳講基督；聖靈降在他們身上，他們就受了洗（徒 10）。

五旬節那天，三千人欣然領受了神的道。他們不僅歸正，且在同一天受洗（徒 2）。

腓力和太監在同行的路上對話。太監對腓力說，看哪！這裡有水，我受洗有什麼妨礙呢？腓力說，你若是一心相信，就可以。他們一同下到水里，埃塞俄比亞女王乾大基（Candace）手下這位頗有權柄的人就受了洗，歡歡喜喜地上路（徒 8：26-38）。你會發現整本聖經中悔改信主都是須臾瞬間的。

假定有個人有從雇主那裡偷錢的習慣。如果他今年拿了一千美元，我們是否應該告訴他下一年只拿五百美元，然後年年遞減，直到五年後只拿五十美元？這種做法與逐步悔改信主基於相同的原則。

假如有這麼一個人，上法庭受審，因他不能立馬改變自己的犯罪生活，法庭反而給於赦免，那麼，這樣的法律程序將是不合常理，非常離奇的。

聖經說，從前偷竊的，不要再偷（弗 4：28）。這是

一個大轉變，一個翻天覆地的轉變！假定某人有每天詛咒一百次的惡習。難道我們要他發誓，隔天詛咒不超過九十次，下一天不超過八十次，直到屆時改掉這個惡習？救主說，什麼誓都不可起（太5：34）。

假定有個男人有醉酒，每月打妻子兩次的惡習；假如他一個月只打她一次，然後每六個月打一次，這和逐步悔改信主是一樣的道理。假設亞拿尼亞被派往保羅那裡，而保羅正前往大馬士革，大聲威脅要屠殺門徒並將他們投入監獄。難道，讓亞拿尼亞告訴保羅少殺那麼多人，或讓仇恨逐漸從他心中消失，而不是頃刻消失？就因為哲人們說變化如此突然，則難以持久，保羅被告知不要停止屠殺的威脅或不要立即傳講基督？這種說法與那些不相信瞬間信主的人使用的推理相同。

然後，另有一群人說，他們怕剛信主而站不住腳——可能會遠離耶穌。這是一群人數眾多，非常有盼望的人。我希望看到一個人不信任自己。這是一件好事。這些人記得要仰望神，不是他把握神，而是神把握他。有些人想要接受基督，但重要的是禱告，讓基督回應來接納你。處於這種狀況的人可以讀讀《詩篇》121篇：

金玉良言

我要向山舉目,
我的幫助從何而來?

我的幫助
從造天地的耶和華而來。

他必不叫你的腳搖動,
保護你的必不打盹。

保護以色列的,
也不打盹,也不睡覺。

保護你的是耶和華,
耶和華在你右邊蔭庇你。

白日太陽必不傷你;
夜間月亮必不害你。

耶和華要保護你,免受一切的災害,
他要保護你的性命。

你出你入,耶和華要保護你,
從今時直到永遠。

有人稱這是旅行者（和合本：上行之詩）的詩篇。對我們這些穿越這個世界的朝聖者來說，這是一首美麗的詩篇，也是應該熟記的詩篇。

神能做祂以前做過的事。祂允許約瑟在埃及，摩西在法老面前，但以理在巴比倫；祂使以利亞能在那個黑暗的日子站在亞哈面前。我真感激，因為，這些人有我們一樣性情（雅 5：17）。是神將他們造就成如此偉大。我們當做的就是仰望神。真正的信心就是讓人的軟弱來依靠神的力量。當人沒有力量時，他可以依靠神而變得剛強。問題是我們妄自尊大、過於自信。

《希伯來書》六章17-20節講述了類似的信息：

> 照樣，神願意為那承受應許的人格外顯明
> 他的旨意是不更改的，就起誓為證。藉這兩
> 件不更改的事，神決不能說謊，好叫我們
> 這逃往避難所、持定擺在我們前頭指望的
> 人可以得勉勵。我們有這指望，如同靈魂的
> 錨，又堅固又牢靠，且通入幔內。作先鋒的
> 耶穌，既照著麥基洗德的等次成了永遠的
> 大祭司，就為我們進入幔內。

對那些擔心跌倒，害怕自己堅持不住的人來說，這些都是寶貴的經文。恆守是神的工作。管好羊是牧羊人的事。有誰聽說過羊去把牧羊人帶回來？人們認為他

們必須既保守自己也要保守基督。這是一個錯誤的概念。好牧人的工作就是看顧祂的羊，和照顧那些信靠祂的人。祂已保證這樣做了。我曾經聽說，有一位船長在臨終時，他說：「榮耀歸於神，錨能穩住。」他信靠基督。他的錨抓住了那磐石。還有一次，一位愛爾蘭人說他顫抖了，但磐石從來沒有。我們要站穩腳跟。

保羅在《提摩太后書》一章12節中說，我知道我所信的是誰，也深信他能保全我所交付他的，直到那日。這就是保羅的信念。

南北戰爭後期，一位隨軍牧師在巡查醫院時，見到一個垂死的人。牧師發現他是基督徒，就問這人屬於哪個教派，牧師被告知「保羅的教派」。

「他是衛理公會教徒嗎？」牧師問道，因為衛理公會的教徒都聲稱保羅屬他們。

「不是。」

「是長老會嗎？」因為長老會特別聲稱保羅屬他們。

「不，」回答說。

「他屬聖公會嗎？」因為所有的聖公會弟兄們都爭稱使徒保羅屬聖公會。

「不，」他不是聖公會教徒。

「那他屬於什麼教派？」

「我……也深信他能保全我所交付他的，直到那日。」這才是一個偉大的信念　（Persuasion，又有

「教派」的含義)，這信念讓那瀕死的士兵在死去的那一刻得安息。

讓那些怕自己不能持守的人翻到《猶大書》第24節：那能保守你們不失腳，叫你們無瑕無疵，歡歡喜喜站在祂榮耀之前的我們的救主獨一的神。

然後看看《以賽亞書》四十一章10節：你不要害怕，因為我與你同在；不要驚惶，因為我是你的神。我必堅固你，我必幫助你，我必用我公義的右手扶持你。

接著看第13節：因為我耶和華你的神，必攙扶你的右手，對你說；不要害怕！我必幫助你。

現在，若神握著我的右手，祂難道不能攙扶著我持守我嗎？神豈無能力保守嗎？創造天地的偉大的神，我們若信靠祂，祂必保守你和我這般可憐的罪人。因怕跌倒而不信靠神，就好像一個人因怕再次入獄而拒絕赦免，或一個溺水的人因怕再次落入水中而拒絕獲救。

許多人面對基督徒的生活，怕沒有足夠的力量堅持到底。他們忘記了神的應許：你的日子如何，你的力量也必如何（申33：25）。這讓我想到鐘擺。鐘擺一想到還要跋涉千里，就心灰意冷，但當它意識到那距離僅是通過「滴答、滴答、滴答」來完成時，就鼓起新的勇氣繼續它的旅程。基督徒亦有權柄，即可以委身於天父

的保守，日復一日地信靠祂。令人欣慰的是，我們知道主既動了善工，就必成全這工（腓 1: 6）。

懷疑論者有兩種。一種是有切實的困難並尋找答案；另一類只喜歡辯論，但不想听也不講道理。我曾經認為後一類型的人會永遠是我肉中的刺，但現在他們不讓我煩擾了。現在，我倒是希望能在講道途中碰到他們。有這種秉性的人習慣繞著基督的話糾纏不清。他們來參加我們的會議就光想要辯論。針對這些人，我推薦保羅給提摩太的建議：*惟有那愚拙無學問的辯論，總要棄絕，因為知道這等事是起爭竟的*（提後 2: 23）。許多初信主的人犯了一個大錯誤，認為他們非要捍衛整本聖經不可。當我剛信主時，我對聖經知之甚少；我以為，對所有來者，我都必須從頭到尾地捍衛聖經，但有個波士頓的懷疑論者面對我，一下子駁倒了我所有的論點，使得我灰心喪氣。我現在已經從中恢復過來了。我不自稱我理解神話語中的許多東西。

當我被問到，如何處理這些問題時，我說，「我什麼都不做。」

「那你怎麼解釋它們？」

「我不用解釋。」

「你拿它們到底怎麼辦？」

「沒怎麼辦，我相信它們。」

然後，當我被告知，「我不會相信任何我不明白的事情」，我只是簡單地回答：我相信。

有很多東西，五年前對我來說是黑乎乎和神秘的，如今我已經領悟了。我期待在永恆中不斷地發現關於神的新事物。我強調，不要討論有爭議的聖經段落。一位老傳教士說過，有些人想吃魚，非先從挑魚骨頭開始。至於我，在我尚未徹底看清楚前，我會留下魚骨頭。我不理解的東西，我沒有義務解釋。隱秘的事是屬於耶和華我們神的，惟有明顯的事是永遠屬我們和我們子孫的（申 29：29）。我拿著這些教導，吃下去，以它們為食，從而獲得屬靈的力量。

《提多書》三章9節入情入理：要遠避無知的辯論和家譜空談，以及紛爭，並因律法而起的爭競；因為這都是虛妄無益的。

如果我遇到一個真誠的懷疑者，我會像母親對待生病的孩子一樣溫柔地對待他。我不寬宥一些基督徒，因為某人持懷疑態度就擯棄他，和他老死不相往來。

前段時間我在做諮詢工作，我把一個懷疑論者帶到我很熟悉的一位基督徒女士那裡，以為她會很好地與那懷疑論者交談。過後不久，我四周瞧瞧，注意到那有疑問者正離開大廳。我問那女士：「你為什麼讓她走？」

答復是「哦，她是個懷疑論者！」我跑到門口攔住

了她。我把她介紹給另一位基督徒同工，那同工花了一個多小時與她交談和禱告。他還拜訪了她和她的丈夫。僅在一周內，那位聰明的女士擺脫了懷疑，成了一位積極的基督徒。使人歸主需要時間、智慧和禱告；但如果某個人是真誠的，我們對待這人，就應該像我們的主對待我們那樣。

這裡，有幾段經文是寫給有疑問的問道者：人若立志遵著祂的旨意行，就必曉得這教訓或是出於神，或是我憑著自己說的（約 7: 17）。假如一個人無意遵行神的旨意，他就無從曉得教義。所有懷疑論者都知道這一事實，即神希望他們離棄罪惡。一個人若願意離開罪，接受光照，感謝神所賜的一切，不奢望一下子完全明白整本聖經，他就會一天比一天得著更多的光，一步一步地向前邁進，直到出黑暗而入天堂的光明。

《但以理書》十二章10節告訴我們：必有許多人使自己清淨潔白，且被熬煉；但惡人仍必行惡；一切惡人都不明白；惟獨智慧人能明白。神永遠不會向祂的敵人揭秘。絕對不會！倘若 一個人繼續活在罪中，他就無從知道神的道。

耶和華與敬畏祂的人親密，祂必將自己的約指示他們（詩 25: 14）。在《約翰福音》十五章15節我們讀到：以後我不再稱你們為奴僕，因僕人不知道主人所作的事；我乃稱你們為朋友，因我從我父所聽見的，

已經都告訴你們了。當你成為基督的朋友時，你就會知道祂的奧秘。耶和華說，我將要作的事，豈可瞞著亞伯拉罕呢？（創 18：17）

性情與神相近的人最能了解神。如果一個人不願意遠離罪，他就不會知道神的旨意，神也不會向他揭示祂的奧秘。倘若一個人願意遠離罪，他會驚奇地看到光將是如何進入他的心田！

我記得有一天晚上，對我來說，聖經是宇宙中最枯燥、最黑暗的書。第二天就絕然不同了。我想我得到了解經的鑰匙。我已經從聖靈生。但是，在我了解神的心意之前，我必須離棄我的罪。我相信，當每個人願意降服，讓神引導和帶領，神就會與他相遇。許多懷疑論者的問題是在於自負。他們以為自己比全能者知道得更多，而且不是本著受教的精神而來。當一個人懷著接受的精神來時，他便是有福的。你們中間若有缺少智慧的，應當求那厚賜與眾人、也不斥責人的神，主就必賜給他（雅 1：5）。

第五章

神聖救主

你是基督，是永生神的兒子
(太 16: 16; 約 6: 69)

有那麼一群懷疑者，他們不相信基督的神性。聖經許多經節都對基督神性這個主題有闡明。《哥林多前書》十五章47節告訴我們，頭一個人是出於地，乃屬土；第二個人出於是天。

《約翰一書》五章20節說，我們知道神的兒子已經來了，並且賜給我們聰明，使我們可以認識那位真實的；我們在真實的祂裡面，在祂兒子耶穌基督裡面。這是真神和永生。

讀《約翰福音》十七章3節：認識你獨一的真神，並認識你所差來的耶穌基督，這就是永生。

然後，查考《馬可福音》十四章60-64節：

> 大祭司起來站在中間,問耶穌說:「你什麼都不回答嗎?這些人作見證告你的是什麼呢?」耶穌卻不言語,一句也不回答。大祭司又問他說:「你是那當稱頌者的兒子基督不是?」耶穌說:「我是。你們必看見人子坐在那權能者的右邊,駕著天上的雲降臨。」大祭司就撕開衣服,說:「我們何必再用見證人呢?你們已經聽見他這僭妄的話了。你們的意見如何?」他們都定他該死的罪。

我相信基督神性的原因是:倘若基督不是神的話,我不知道如何將祂分類,或形容祂,對待祂。當我還是個小孩子的時候,我以為祂是一個像摩西、約瑟或亞伯拉罕那樣的好人。我甚至認為祂是古往今來,曾經在地球上生活過的最好的人。但我發現基督有更高的宣稱。祂宣稱自己是人,與神合而為一,是神聖的;並且出自於天。祂說,還沒有亞伯拉罕,就有了我(約 8:58)。我無法理解這一點,以致不得不得出結論——我願挑戰任何誠實的人來否認這一推論或公開辯論——耶穌基督要么是冒名者,要么是騙子,否則,祂就是神人——道成肉身。

以下是為什麼必須如此的一些原因。第一條誡命

是，除了我以外，你不可有別的神（出20：3）。縱觀古今，基督教數以百萬的教徒，他們把耶穌基督當作神來敬拜。耶穌若不是神，這即是拜偶像。若耶穌基督僅是一凡人，受造物，非祂聲稱的那樣，我們都犯了觸犯第一條誡命的罪。

一些不承認基督神性的人說祂是有史以來最好的人；但如果祂不是神，祂就不該被認為是一個好人：因為祂聲稱自己享有神的榮耀和尊嚴，而這正是這些人宣稱祂無權擁有。這樣，祂就將歸類為騙子。

也有人說基督自認為是神，但祂是自欺，好像耶穌基督誤入迷津，被幻覺和譎虞所困，認為祂更像神！我無法想像對耶穌基督的看法有比這更低的。這不僅把祂列為一個冒名者，而且表明祂神誌不清，不知自己是誰或來自哪裡。如此看來，耶穌基督若不是祂所宣稱的——世界的救主——祂若不是來自於天，祂就是一個公然的騙子。

然而，怎麼會有人讀到耶穌基督的生平，而認為祂是個騙子呢？通常，一個人成為冒名者是有動機的。基督的動機是什麼？祂知道祂所行的道路將把自己帶到十字架上，祂的名將被視為污穢卑下的，許多祂的追隨者將為祂的緣故而捨命。幾乎每一位使徒都成了殉道者，在百姓中被視為垃圾。如果某人是騙子，他的偽善背後定有一個動機。但基督的動機是什麼？經上

記得是他周流四方，行善事（徒 10：38）。這絕非是冒名者的事工。不要讓你靈魂的敵人詭騙你。

在《約翰福音》五章21-23節，我們讀到：

> 父怎樣叫死人起來，使他們活著，子也照樣隨自己的意思使人活著。父不審判什麼人，乃將審判的事全交與子，叫人都尊敬子如同尊敬父一樣。不尊敬子的，就是不尊敬差子來的父。

根據猶太人的律法，如果一個人是褻瀆神靈的，他就該被處死；若耶穌基督只是一介凡人，聲稱 不尊敬子的，就是不尊敬差子來的父，就顯然是褻瀆神。如果基督不是神，這便是徹頭徹尾的褻瀆。摩西、以利亞、以利沙或任何凡人說：「你必須像尊重神一樣尊重我」，並將自己置於與神同等的地位，那絕對是褻瀆神。

猶太人處死基督，因為他們說，祂不是祂所聲稱的。正是要為此作證，耶穌才起誓。大祭司說，我指著永生神叫你起誓告訴我們，你是神的兒子基督不是（太 26：63）。猶太人圍著他，說，「你要叫我們猶疑不定到幾時呢？你若是基督，就明明地告訴我們。」耶穌說，「我與父原為一。」猶太人又拿起石頭來要打祂（約 10：24, 30-31）。他們說不想再聽下去，因

為這說法就是褻瀆神。因為祂宣稱自己是神的兒子，耶穌被定罪並處死（太 26：63-66）。

如此，若耶穌基督僅是一凡人，那麼猶太人按照他們的律法將祂處死是做對了。我們在《利未記》二十四章16節中讀到，那褻瀆耶和華名的，必被治死，全會眾總要用石頭打死他。不管是寄居的，是本地人，他褻瀆耶和華名的時候，必被治死。這條律法要求他們治死所有褻瀆神的人。耶穌正是因聲明祂是神性的，而付出了生命的代價。按摩西律法，祂理應受處死的懲罰。在《約翰福音》十六章15節，耶穌說，凡父所有的，都是我的；所以我說，祂要將受於我的，告訴你的。如果祂僅僅是一個好人，怎麼可能使用這樣的語言？自我信主以來，我對此就堅信不移。曾有一位惡名昭著的罪人被問，如何證明基督的神性。他的回答是：「為什麼，祂拯救了我；這就是一個很好的證據，不是嗎？」

有一次，一位非信徒對我說：「我一直在研究施洗約翰的生平，慕迪先生，你為什麼不多傳講他呢？比起基督，他更有特色。你的事工會更有成效。」

我對他說：「我的朋友，你來傳講施洗約翰，我跟著你，我傳講基督，看看誰的成效會是最好。」

「你將會有最好的成效，」他說，「因為人們太迷信了。」

啊哈！約翰被砍頭，他的門徒求得他的屍體，將其

埋葬；但是，基督則已經從死裡復活。祂已升上高天，擄掠仇敵；你在人間，受了供獻（詩 68：18）。我們的基督永活著。很多人尚未意識到，基督已經從墳墓中復活了。他們敬拜死去的救主。他們就像馬利亞，說，有人把我主挪了去，我不知道放在哪裡（約 20：13）。這就是懷疑我們主的神性的人的一塊心病。

然後，看看《馬太福音》十八章20節：因為無論在哪裡，有兩三個人奉我的名聚會，那裡就有我在他們中間。就此打住，假如耶穌只是一凡人，祂怎麼可能同在呢？所有這些都是有力的經文。同在《馬太福音》二十八章18節：耶穌進前來，對他們說，「天上地下所有的權柄都賜給我了。」倘若祂只是凡人，會這樣說話嗎？天上地下所有的權柄都賜給我了。接著讀《馬太福音》二十八章20節：凡我所吩咐你們的，都教訓他們遵守，我就常與你們同在，直到世界的末了。如果祂只是凡人，怎麼可能和我們同在？然而，祂說，我就常與你們同在，直到世界的末了。

現在，來看《馬可福音》二章7-9節：

> 「這個人為什麼這樣說呢？他說僭妄的話了！除了神以外，誰能赦罪呢？」耶穌心中知道他們心裡這樣議論，就說：「你們心里為什麼這樣議論呢？或對癱子說『你的罪

赦了』，或說『起來，拿你的褥子行走』，哪一樣容易呢？」

有些人見到你，會說：「以利沙不是也叫死人復活嗎？」請注意，在極少數的場合下，靠著神的大能，人能使死人復活。他們呼求神來做這件事。但是，當基督在地上時，祂不需要呼求父使死人復活。祂去睚魯家時，祂說，*閨女，我吩咐你起來*（可 5：41）。

祂有能力賦予生命。當他們把死了的少年人抬出拿因的時候，耶穌憐憫那寡婦母親，就上前摸著棺材說，*少年人，我吩咐你，起來吧*（路 7：14）。祂說了這話，那死人就起來了。祂使拉撒路復活時，大聲呼叫說，*拉撒路出來*（約 11：43）。拉撒路聽見，就出來了。有人說，點名叫拉撒路恰如其分，否則，凡在基督呼聲所及之內的死人都會立即復活。

《約翰福音》五章25節，耶穌說，*我實實在在地告訴你們，時候將到，現在就是了，死人要聽見神兒子的聲音，聽見的人要活了*。祂若非神，這話將多麼褻瀆神！你只需查考神的話語，便知鐵證如山。

然後，還有一件事——除了耶穌基督，沒有哪個好人允許任何人敬拜他。行神蹟後，耶穌從未斥責敬拜祂的人。在《約翰福音》九章38節，我們讀到，當那瞎

子被基督發現時，他說，「主啊，我信。」就拜耶穌。主沒有呵責他。

《啟示錄》二十二章6-9節說：

> 天使又對我說：「這些話是真實可信的。主就是眾先知被感之靈的神，差遣他的使者，將那必要快成的事指示他僕人。」「看哪，我必快來！凡遵守這書上預言的有福了！」

這些事是我約翰所聽見、所看見的，我既聽見、看見了，就在指示我的天使腳前俯伏要拜他。他對我說：「千萬不可！我與你和你的弟兄眾先知，並那些守這書上言語的人，同是作僕人的。你要敬拜神。」

我們在此看到，即使是天使也不許約翰敬拜他。甚至，是那來自天堂的天使！如果，加百列（Gabriel）、撒拉弗（Seraph）、基路伯（Cherub）、米迦勒（Michael），或天使長（Archangel），當著神的面前降到人間，若敬拜這些天使，便是一種罪愆。敬拜神！如果耶穌基督不是道成肉身，我們敬拜祂就犯了拜偶像的罪。《馬太福音》十四章33節，我們讀到：在船上的人都拜祂，說，「你真是神的兒子！」祂沒有斥責他們。《馬太福音》八章2節，我們讀到：有一個長大痲瘋的來拜祂，說，

「主若肯，必能叫我潔淨了。」見《馬太福音》十五章25節：那婦人來拜祂，說，「主啊，幫助我！」

還有許許多多其他的經文，但我認為，我給的這些經文，毋庸置疑，足以證明我主的神性。

《使徒行傳》十四章告訴我們，路司得的異教徒拿著花圈來，要獻祭給保羅和巴拿巴。因為他們治好了一個瘸腿的。但是，使徒們撕開衣服，告訴這些路司得人，自己是凡人，不能被敬拜；彷彿這是一樁大罪。若耶穌基督僅是凡人，那麼敬拜祂，我們全都犯了大罪。

但是，正如我們相信，祂如果是深受神愛戴的獨生子，我們就應降服於祂。讓我們安息在祂全面救恩的聖工中，並在一生的日子裡事奉祂。

第六章

悔改與補償

世人蒙昧無知的時候，神並不監察，如今卻吩咐各處的人都要悔改。（徒 17: 30）

悔改是聖經的基本教義之一。但我相信，這是當今許多人不太理解的真理之一。與任何其他教義相比，在關於悔改、重生、贖罪和類似的基要真理上，今天有更多的人處在迷茫和黑暗中；儘管這種人我們從早年就听說過。假如，我要問悔改的定義，很多人會給出一個稀奇古怪、不著邊際的解釋。

除非一個人有心悔改並遠離罪，否則，他不會有心相信或接受福音。在施洗約翰遇見基督之前，他惟有一句話：天國近了！你們應當悔改（太 3: 2）。但是，如果他繼續這樣說，並且就此而已，不將人們指向基督——神的羔羊，他其實沒有成就多少。

當基督降臨時，祂在曠野發出同樣的呼聲：天國近

了，你們應當悔改（太4：17）。當我們的主差遣祂的門徒出去時，也帶著同樣的信息——叫人悔改（可6：12）。耶穌得榮耀後，當聖靈降臨時，彼得在五旬節那天也同樣大聲呼叫：悔改。正是這傳講——悔改並相信福音——帶來瞭如此神奇的結果（徒2：38-47）。保羅去雅典時，他發出同樣的呼聲：神如今向人吩咐，各處的人都要悔改（徒 17：30）。

在我談談悔改是什麼之前，讓我先簡單說一下它不是什麼。

悔改不是懼怕。很多人把兩者混淆了。他們認為他們必須感到驚慌和恐懼，因此，他們等待著某種懼怕降臨在他們身上。眾多的人感到恐慌，但並沒有真正悔改。有時，水手們在海上遇到一場可怕的風暴時，平時滿嘴髒話會突然安靜下來，險境處還哀求神憐憫。但是，你不會說他們悔改了，因為，風暴過後，他們便照舊髒話連篇。你也許認為當神將可怕的瘟疫降到埃及王（法老）和他的土地上時，他就悔改了。但他根本沒有悔改。神的手移開的那瞬間，法老的心比以往任何時候都更剛硬。法老沒有從任何一個罪中迴轉；他還是同一個人。此處沒有真正的悔改。

通常，當一個家庭有人死亡時，全屋子人似乎因這件事都會悔改歸正，但在六個月之內，這一切便被遺忘。閱讀本文的人也許已經有過這種經歷。當神的手

悔改與補償

重重地落在他們身上時，看起來他們似乎要悔改，但是，當試煉被移除時，這種印象就消失了。

悔改不是感覺。很多人都在等待某種感覺的到來。他們想轉向神，但認為除非這種感覺出現，否則無法做到。我在巴爾的摩（Baltimore）的時候，每週日在監獄裡向九百名犯人講道。那裡幾乎無人不感到淒慘。人人百感交集。被監禁的第一周或十天裡，他們中的許多人一半時間都在哭。但當他們被釋放後，其中多數人又重操舊業。事實是，他們僅為被逮住而感到沮喪；僅此而已。你見過有人在困境中悲情楚楚，但常常是因為他遇到了麻煩——並非因為他在意自己犯了罪，也不是他的良心告訴他，他做了在神眼前為惡的事。似乎看來，審判會導致真正的悔改，但是情感，往往只會漸漸消失。

悔改不是禁食和苦煉。一個人可能禁食數週、數月和數年，但連單單一個罪都不會悔改。

悔改不是悔恨。猶大懊悔莫及——足以讓他去上吊——但這不是悔改。我相信，如果他去見主，俯伏在地，承認他的罪，他可能會被赦免。相反，他去了祭司那裡，然後結束了自己的生命。一個人可以有各種各樣的懺悔，但是沒有真正的悔改。記住這一點。你不能為你靈魂的罪，僅獻上肉體果效的祭來滿足神的要求。斷不能有這樣的妄想！

悔改不是認罪。這定論對某些人來說，可能聽起來很奇怪。我見過人們對自己的罪深信不疑，以至於徹夜難眠，茶飯無心。他們可以在這種狀態下持續好幾個月，但沒有歸正。他們沒有真正地悔改。不要把認罪與悔改混為一談。

悔改不是祈禱。這話聽起來也很奇怪。很多人為自己靈魂的得救感到焦慮時，會說：「我要禱告，讀聖經。」他們認為這麼做會帶來期望的效果，但其實達不到。你也許會讀聖經，向神呼求很多，但從不悔改。許多人向神大聲呼求，但不悔改。

悔改並不是避免犯一些罪。很多人都犯了這個錯誤。一個酒鬼可能會承諾戒酒。僅僅不犯一種罪不是悔改。放棄一個惡習就如當整棵樹都必須被砍倒時，僅折斷一根樹枝。褻瀆的人停止咒罵；這當然非常好。但如果他不轉離每一個罪，就不是悔改；這不是神在靈魂中的工作。當神作工時，祂砍倒整棵樹。祂要你轉離一切的罪。

假設我在一艘出海的船上，我發現這艘船有三、四個地方漏水了。我堵住一個漏洞，但是船還是會下沉。或者，假設我有三、四個地方受重傷，我治療了一個傷口；如果我置另外兩三處傷口不顧，很快我就沒命了。真正的悔改不是僅僅轉離某個特定的罪。

那麼，究竟什麼是悔改呢？我給你一個很好的定

義：它是「一百八十度的逆轉或完全逆轉！」在愛爾蘭語中，**悔改** 這個詞的意思甚至比「一百八十度的逆轉」更深廣！它意味著一個一直朝一個方向走的人不僅轉過身，而且是朝正反方向邁進。你們轉回，轉回吧！離開惡道，何必死亡呢？（結 33：11）。一個人的情感有多有少，但如果他不轉離罪，神就不會憐憫他。

悔改也被描述為心志的轉變。例如，基督用了個比喻：一個人有兩個兒子，他來對大兒子說：『我兒，你今天到葡萄園裡去作工。』他回答說：『我不去。』他說了『我不去』後，想了想又改變了主意。以後自己懊悔就去了（太 21：28-29）。或許他對自己說，「我對父親說話不是很恭敬。他讓我去作工，我告訴他我不去，我想我錯了。」但假設他只說了這句話，還是沒有去；那就不是悔改。但他確實去了。他不僅確信自己錯了，而且還走進葡萄園作工。這就是基督對悔改的定義。如果一個人說，「靠著神的恩典，我將棄絕我的罪，並遵行祂的旨意」，那就是悔改——方向上的徹底改變。

有人說，人生來就是背離神的。當他真正悔改時，他轉向神；背離他的舊生活。

一個人能立刻悔改嗎？當然可以。轉個身毋需很長時間。一個人不需要六個月就可以改變思想。不久前，有一艘船在紐芬蘭海岸沉沒。當船駛向岸邊時，船長本可以下令逆轉引擎，倒過頭來。此刻，如果引擎

被逆轉，那艘船就得救了。但是，也有那麼一刻，一切都太晚了。因此，我相信，在每個人的生命中，都有那麼一刻，當他可以停下來說：「靠著神的恩典，我不會再向死亡和毀滅邁進一步。我要為我的罪悔改並背離它們。」你也許會說你沒有足夠的感覺，但如果你確信自己走錯了路，就當轉過身來，說：「我將不再像以前那樣，走反叛和犯罪的道路了。」

就在那一刻，當你願意轉向神時，救恩就可能是你的。我發現聖經中記錄的每一個歸正都是瞬間發生的。悔改和信心突然降臨。一個人下定決心的那一刻，神就給了他力量。神不會要求任何人做他沒有能力做的事。假如他們沒有能力悔改，祂不會指令各處的人都要悔改（徒17: 30）。如果你不悔改，不相信福音，那麼除了你自己之外，沒有人可以責怪。

早些日子，俄亥俄州一位福音派的牧師給我寫了一封信，描述他的歸正。他的歸正有力地說明了瞬間決定的觀點。他這麼寫：

> 我十九歲時，在佛蒙特州跟一位基督徒律師攻讀法律。一天下午，他不在家，我進屋時，他的妻子對我說：「我希望你今晚和我一起去上課，成為一名基督徒，這樣，我丈夫不在家的時候，你就可以在這裡主持家庭敬拜。」

「好吧，我會去，」我不假思索地說。當我再次走進屋時，她問我說的話是否算數。我回答說：「是的，單就和你一起去參加會議而言，那是出於禮貌而已。」

我和她一起去上課，就像我以前經常做的那樣。一所小校舍裡，大約有十幾個人在場。除了我和另外兩個人之外，領頭的人已經和房間裡的每個人都說過話。當他正在和我旁邊的人說話時，我突然起了個念頭，他會問我有什麼要說的。我對自己說，我決定成為一名基督徒已有多時；為什麼不從現在開始？

這些想法從我腦海中閃過之後不到一分鐘，領頭的人用很熟悉語氣對我說——因為他很了解我——「查爾斯弟兄，你有什麼要說的嗎？」

我非常冷靜地回答說：「是的，先生，剛才那三十秒內，我已經決定開始一個基督徒的生活，我希望你為我禱告。」

我的冷靜讓他吃驚。我想他幾乎懷疑我的誠意了。他沒說多少，接著繼續和另外兩人說話。一陣寒暄後，他轉向我，說：「查爾斯弟兄，你能以禱告來結束會議嗎?」

他知道我從來沒有在公共場合禱告過。直到這一刻，我一點感覺都沒有。純粹都是禮尚往來。我的首個想法是我不會禱告，我要請他原諒我。我的第二個想法，是我已經說過我將開始一個基督徒的生活，而禱告是基督徒生活中的一部分。因此我說，「讓我們一起禱告。」就在我開始跪下到我的膝蓋碰到地板之間的某個時刻，主改變了我的靈魂。

我說的第一句話是：「榮耀歸於神!」之後，我都不知道我說了些什麼。不過，這無所謂，因為我的靈魂已充足，僅能說「榮耀!」從那時起，魔鬼就再也不敢挑戰我的歸正。一切讚美歸於基督。

許多人在等待某種奇蹟般的感覺降臨在他們身上──某種神秘的信心。早些年前，我和某個人說話，他總是

悔改與補償

給我相同的答案。有五年的時間，我試圖贏得他歸向基督，每年他都說：「我還沒有被觸動。」

「伙計，你這是什麼意思？什麼東西沒有打動你？」

「嗯，」他說，「除非它觸動我，否則我不會成為基督徒；它還沒有觸動我。我所見的，和你所見不一樣。」

「可是，你不知道你是個罪人嗎？」

「是的，我知道我是個罪人。」

「那好吧，你難道不知道神要憐憫你——神是寬恕的嗎？祂要你悔改並歸向祂。」

「是的，我知道這一點；但我還沒有被打動。」

他總是回到「觸動」上來。可憐的人！他走進墳墓時，還在那裡猶豫不決。神給了他六十年的時間去悔改，而在終了，他僅僅說，他還沒有被打動。

有沒有讀者也在等待某種奇特的感覺？聖經中沒有任何地方告訴人要等待。神吩咐你現在就悔改。

當一個人不想被寬恕時，你認為神會寬恕他嗎？如果，他持這種心態，神饒恕了他，他會幸福嗎？假如你的孩子做錯了，不悔改，你就不能原諒他。不然，你會對他不公。假設，他走到你的辦公桌前，偷了十美元，然後揮霍掉。當你回家時，你的配偶告訴你，兒子偷了錢，揮霍一空。你問兒子，這是不是真的，他否認，但最終你有證據。甚至，當他發現無法再推諉，他不但不認罪，反而說一有機會，他就會再犯。

你會不會對他說，「好吧，我原諒你」，然後把這件事擱在那裡？不，我們所做的每件事都有其後果，無論是在地球上，還是在受神審判時！儘管如此，人們仍說，神會救贖每一個人，不管他們是否悔改——酒鬼、小偷、妓女、嫖客，沒有任何區別。

「神是如此的仁慈，」他們會說。親愛的朋友，不要被這個世界的神所欺騙。哪裡有真正的悔改，從罪惡轉向神，神就會與你相會、祝福你；但祂永遠不會賜福與你，除非你有真誠的悔改。

就在這方面而言，大衛在對待他叛亂的兒子押沙龍這件事上，犯下一個可悲的錯誤。當押沙龍的心不曾改變時，對押沙龍而言，沒有比大衛原諒他更為不公了。沒有悔改，父子之間就沒有真正的和解。但是，神不會犯這些錯誤。正因為判斷錯誤，大衛惹上麻煩。他兒子很快就把自己的父親趕下了王位。

談到悔改，聖路易斯的布魯克斯博士說：

> 悔改，嚴格來說，是指心誌或人生目標的轉變；由此，這是宣判，是罪人對自己的宣告，基於神之愛彰顯在基督之死，放棄對自己的所有信心而堅信唯一的救主。得救悔改和得救信心總是相輔相成的，你若信，就必不擔心悔改。

悔改與補償

有些人不確定他們是否有了足夠的悔改。如果，你的意思是說，要讓神憐憫，條件是你必須悔改才行，那你越早放棄這種悔改越好。神已經是仁慈的，正如祂在骷髏地的十字架上充分展示的那樣。你僅以為你的眼淚和痛苦會感動祂，卻不知道神的恩慈是領你悔改（羅2：4），那是對祂慈愛之心的嚴重羞辱。不是你的惡，乃是祂的良善引導你悔改；因此，悔改的真道，是惟有信靠主耶穌基督，祂是為我們的過犯交付，是為我們稱義而復活（羅4：25）。

有了真正的悔改，就會結出果實。如果我們虧欠了任何人，直到我們願意補償那被傷害的人，我們永遠不應該請求神原諒我們。如果，我對人做了不公的事，而我能糾正，那麼，在我糾正之前，我不應請求神原諒我。假設，我拿走了不屬於我的東西，直到物歸原主，我無權期望得到寬恕。

我記得，在某個大城市講道，講道後，一位儀表端正的人向我走來。他心裡極度苦惱。「事實是，」他說，「我挪用公款了。我貪污了雇主的錢。不把錢全數還了，我怎能成為基督徒呢？」

我問他：「你還有錢嗎？」

他告訴我，他沒有全數。他拿了大約一千五百美元，剩下大約九百美元。他說：「我不能拿那筆錢創業，賺足夠的錢還給他們嗎？」

我告訴他，這是撒旦的幻覺，他不能指望靠偷來的錢發財。我告訴他，他應該把剩下的錢全部歸還，求他的雇主憐憫他，原諒他。

「他們會把我送進監獄，」他說。「你就不能幫幫我嗎？」

「不，你必須先把錢還了，才能盼望從神那裡得到任何幫助。」

「這太難了，」他說。

「是的，是很難，但更大的錯誤，是你一開始就做錯了。」

他的擔子沉重到難以承受。他把錢遞給我——大約九百五十美元——並讓我把錢還給他的雇主。第二天晚上，兩個雇主在教堂的一個旁屋裡會見了我。我把錢放下，告訴他們，這錢是他們的一名員工的。我跟他們講了事情的來龍去脈，說員工想要的是他們的憐憫，而不是公道。兩個人潸然淚下，說：「原諒他！是的，我們很樂意原諒他。」我下樓把他領上來。他認罪並得到寬恕之後，我們一起跪下，舉行蒙福的禱告會。神就在那裡與我們相會、祝福我們。

不久前，我的一個朋友歸向基督，願將自己和他的財富奉獻給神。他以前在與政府做交易中牟取私利。他悔改歸正了，這事就跑出來困擾他的良心。他說：「我想奉獻我的財富，但神可能不會接受。」他內心

悔改與補償

極度掙扎;惶惶終日。最後,他寫了一張一千五百美元的支票,寄給了美國財政部。他告訴我,當他完成這件事時,他得到了極大的祝福。他的轉變,結出了悔改的果子(太3:8)。我相信,很多人都在向神呼求亮光,但他們沒有得到,這是因為他們不誠懇。

有一次,我在講道,完後,有個人來找我。他說:「你注意到我的頭髮已經花白了,可是我才三十二歲。十二年來,我心負重擔。」

「嗯,」我說,「什麼事?」

他看了看四周,彷彿怕有人聽到。「是這樣,」他回答說,「我父親死後,留給我母親一份縣報業,這是她唯一的經濟來源。父親死後,報紙開始走下坡路,我看到我母親很快就陷入了困境。那棟樓和報紙有一千塊美金的保險;我二十歲的時候,放火燒了樓,拿了那一千塊保險金給了我媽媽。十二年來,我一直深陷於罪疚中。我試圖通過沉迷於享樂和罪來淹沒它。我還詛咒神。我一直對人不忠。我試圖說服自己,聖經不是真實的。我已經盡了我所能做的,這些年來我一直苦不堪言。」

我說:「有辦法解決。」

他問:「什麼辦法?」

我說:「賠償。我們坐下來算利息,然後你把錢連本帶利付給公司。」你會看到他的臉發光:當他發現,居

然有人憐憫他。他說，他只要能得到原諒，就很樂意償還這筆錢和利息。

今天，有些人處在黑暗和捆綁中，這是因為，他們不願意認罪，離棄他們的罪。如果一個人不願意承認自己的罪，我不知道，他如何能希望得到寬恕。

記住，今天，是你將得到憐憫的唯一之日。你要當即悔改，抹去你可怕的罪孽記錄。神等著饒恕你。祂正在尋求把你帶到祂那裡，但我認為，聖經清楚地教導說，來世沒有悔改。有些人會告訴你，在墳墓裡還有悔改的可能性，但我在聖經中沒有找到這種說法。我很仔細地翻閱了整本聖經，沒有發現一個人死後還有一次得救的機會。

你為什麼還要求更多的時間？你現在就有足夠的時間悔改。如果你願意，你可以立刻擺脫罪惡。主耶和華說，我不喜悅那死人之死，所以你們當回頭而存活（結 18: 32）。

基督說他來本不是要召義人悔改，乃是召罪人悔改（路 5: 32）。你是罪人嗎？如果是，悔改的呼召就是針對你的。站在救主的腳下，在塵土中承認你的罪。像古時的稅吏一樣，說，神啊，開恩可憐我這個罪人，看祂會多快地赦免和祝福你（路 18: 13）。祂甚至會稱你為義，並認你是義人，因那在十字架上，以自己的身體承擔了你的罪孽，那一位的公義。

悔改與補償

或許有些人認為他們是公義的，他們不需要悔改和相信福音。就像比喻中的法利賽人，他感謝神，不像別人——勒索、不義、姦淫，也不像這個稅吏，接著說，我一個禮拜禁食兩次；凡我所得的，都捐上十分之一。對這種自以為義的人的審判是什麼？我告訴你們，這人 [那可憐，懊悔，悔改的稅吏] 回家去，比那人倒算為義了（路 18：11-14）。沒有義人，連一個沒有（羅 3：10）。世人都犯了罪，虧缺了神的榮耀（羅 3：23）。

沒有人能說他不需要悔改。讓每個人都知道自己的真實位置——罪人的位置；然後，神會把他提升到寬恕和稱義的地方。因為凡自高的，必降為卑；自卑的，必升為高（路 14：11）。無論何處，當神看到內心真正的悔改，祂就會與那個靈魂相會。

前段時間，我在科羅拉多州傳福音，聽到了一件觸動我心的事。該州州長前來視察監獄。在一間牢房裡，他發現，一個男青年在他的牢房窗台上種滿了鮮花，這些花似乎得到非常精心的照料。州長看了看犯人，又看了看花，問這些花是誰的。「這些是我的花，」犯人說。

「你喜歡花嗎？」

「是的，州長先生。」

「你來這裡多久了？」

男青年告訴他好多年了；他被判了很長的刑期。州長見他這麼喜歡花，就很驚訝，說：「你能告訴我，你為什麼這麼喜歡這些花嗎？」

他感慨地說：「我母親在世的時候，她很喜歡花；當我來到這里後，我想，種上這些花會讓我回憶起我的母親。」

州長聽了非常高興，說：「好吧，年輕人，你既然這麼思念你的母親，我想你會珍惜你的自由，」他當即就赦免了他。

當神發現真正悔改的美麗花朵在一個人的心中綻放時，救恩就會臨到那個人。

第七章

救恩的確據

我將這些話寫給你們信神兒子之名的人，
好叫你們知道自己有永生。（約壹 5: 13）

有兩類人不應該有得救的確據：第一類，是人在教會，但沒有歸正，從未從聖靈生的人。第二類，是那些不願意遵行神旨意的人，也沒有準備好按照神為他們規劃的道路行，只是按照自己的意願行事。

有人會問：「所有神的子民都有確據嗎？」

不；我認為，很多神親愛的子民都沒有確據，但是，神的每個孩子的權利，是毋庸置疑，確切地知道自己有救恩。滿心疑惑的人，不適合為神服務。一個人，若對自己的救恩都沒有把握，他怎麼能幫助別人進入神的國呢？如果，我處於溺水的險境，卻不知道我是否能到達岸邊，我就無法幫助其他人。我得自己先上了那塊磐石，然後才能向我的兄弟伸出援手。如

果，我是個盲人，卻告訴另一個盲人，如何恢復視力，他可能會說：「你先治好你自己，然後再來告訴我。」

我最近遇到一個年輕的基督徒，但他還沒有戰勝罪。他處在極度黑暗之中。這樣的人不適合為神工作，因為他被自己的罪所捆綁。他沒有勝過自己的疑惑，因為，他沒有戰勝他自己的罪。

對自己得救沒有確據的人，沒有時間或心為神作工。這些人忙於對付自己的疑慮和罪，無法幫助別人背負重擔。哪裡有疑惑和不確定性，哪裡就沒有安息、喜樂、或平安——沒有自由或動力。

撒旦有三個我們應該提防的詭計。首先，他竭盡全力要使我們遠離基督；然後，他潛心引誘我們進入「疑惑城堡」；如果我們對神的兒子有清晰的見證，他就會竭盡所能地玷污我們的品格，抹黑我們的見證。[15] 有人以為，沒有疑惑便是自以為是，但疑惑是對神的極大羞辱。如果有人說他認識一個人三十年，但還是懷疑他，那是不太可信的；然而，我們已認識神十年、二十年、三十年，懷疑祂豈能反映祂真實的品格嗎？

保羅和早期的基督徒、殉道者，如果心中充滿疑惑，不知道自己受火刑後，是上天堂還是下地獄，豈能經歷他們的艱辛歷程嗎？他們必定有救恩的確據。

---

[15] 原註：出自約翰・班揚的《天路歷程》(The Pilgrim's Progress)。銀月出版社（Aneko Press）有賣。

救恩的確據

查爾斯・司布真[16]說（Charles Spurgeon）：

> 我從未聽說過一隻鸛，當它遇到一棵樅樹，想知道它是否有權在那裡築巢；我從未聽說過一隻岩獾，質疑它是否被允許跑進它的岩洞。如果，它們總是懷疑和害怕，是否有權使用神為它們提供的東西，這些生物很快就會滅亡。
>
> 鸛自言自語：「啊，這裡有一棵樅樹。」
>
> 它與它的配偶商量，「我們好在這裡的巢穴生養幼崽？」
>
> 「當然，」她說，然後它們採集、整理材料。它們從來不問「我們是否可以在這裡築巢嗎？」的問題。它們拿著枝子就築起巢來。
>
> 懸崖上的野山羊，從來不問：「我有資格在這裡嗎？」不，它不在此處便在他處，而懸崖正適合它，它便向懸崖跑去。
>
> 儘管這些弱小的動物都知道神的預備，罪人卻不認識救主的預備。罪人狡辯道，

16　查爾斯・司布真（Charles Spurgeon, 1834-1892），十九世紀英國浸信會牧師，佈道家。

「我可以嗎?」並說,「恐怕這不是給我的」,「它不可能是為我準備的」,「我擔心,這好的甚至難以置信。」

然而,從來沒有人對鸛說:「有誰在這棵樅樹上築巢,他的窩就永遠不會被拆掉。」從來沒有人對岩獾說過任何激勵的話:「有誰跑進這個岩石裂縫裡,就永遠不會被趕出來。」如果真是這樣,它們的確據就會加倍。

然而,基督在此是為罪人預備的,正是罪人所需要的救主,而且還加有激勵的話,到我這裡來的,我總不丟棄他（約 16：37），願意的,都可以白白取生命的水喝（啟 22：17）。

現在,讓我們來看神的話語。約翰在他的福音書中告訴我們,基督在地上為我們做了什麼。在他的信中,祂告訴我們,耶穌作為我們的中保在天上為我們做什麼。在《約翰福音》中,只有兩章沒有「相信」這個詞。除了這兩章之外,《約翰福音》每一章都是「信!信!信!」他在《約翰福音》二十章31節告訴我們,但記這些事要叫你們信耶穌是基督,是神的兒子,並且

叫你們信了祂，就可以因祂的名得生命。這就是約翰寫這福音書的目的——要叫你們信耶穌是基督，是神的兒子，並且叫你們信了祂，就可以因祂的名得生命。

在《約翰一書》五章13節中，約翰告訴我們，他為什麼寫這封信：我將這些話寫給你們信奉神兒子之名的人。注意他是寫給誰的：你們信奉神兒子之名的人，要叫你們知道自己有永生，並且叫你們信了祂，就可以因祂的名得生命。《約翰一書》只有短短的五章，而「知道」這個詞出現了四十多次。 「知道! 知道! 知道!」關鍵是「知道」！貫穿整封信中，有一句反復出現的話「叫我們知道我們有永生」。

幾年前的春天，我順著密西西比河向下行了一千二百英里。每天傍晚，正當太陽落山時，我看到男的，有時是女的，騎著騾子、馬，有時步行，來到大河的兩岸，點燃導航的燈。沿著這條巨大的河流，一路下來，到處是地標，指引著導航員，駕駛著船隻在險境中航行。神給了我們燈光或地標，來告訴我們是否是祂的孩子；我們需要做的是檢驗祂給我們的標誌。

在《約翰一書》三章中，有五件事，我們應該「知道」。在第五節，我們讀到第一件事：你們知道主曾顯現，是要除掉人的罪，在祂並沒有罪。不是我曾做過什麼，而是祂做過什麼。祂的使命失敗了嗎？祂難道不是完成了祂來要做的事嗎？任何天上派來的人，

何曾失敗過？神的獨生子，難道會失敗嗎？祂來，是要除去我們的罪。

《約翰一書》三章19節，是我們要知道的第二點：從此，就知道我們是屬真理的，並且我們的心在神面前可以安穩。我們知道我們是屬於真理的。真理若叫我們自由，我們就真的自由了。所以天父的兒子若叫你們自由，你們就真的自由了（約 8：36）。

第三件事是在第十四節：我們因為愛弟兄，就曉得是已經出死入生了。未得救的人，不喜歡敬虔的人，也不想與敬虔的人為伍。沒有愛心的，仍住在死中。未得救的人，沒有靈命。

在第二十四節，我們看到第四件值得知道的事：遵守神命令的，就住在神裡面，神也住在他裡面。我們所以知道神住在我們裡面，是因祂所賜給我們的聖靈。如果基督的靈住我們裡面，我們就知道我們有什麼樣的靈。我們都有像基督一樣的靈——程度雖不同，但本質相同。如果我溫順、溫柔、寬容；如果我有一個充滿平安和喜樂的靈；如果我耐心且溫柔，像聖子一樣——那就是一個驗證，憑此驗證，我們就可以判斷，我們是否有永生。

第五件事倍受關注，且是其中最好的，是顯明在《約翰一書》三章2節中：親愛的，現在。注意現在這個詞。這裡沒有說「當你死了」。親愛的弟兄啊，我

們現在是神的兒女，將來如何，還未顯明；但我們知道，主若顯明，我們必要像祂，因為必得見祂的真體。

但有些人會說，「好吧，我相信這一切，可是，自從我成為基督徒以來，我還是犯罪。」地球上，有沒有任何男女，自從成為基督徒之後，就沒有犯過罪？一個也沒有！在眾基督徒經歷中，從來沒有，也永遠不會有一個在地球上沒有犯罪，或不會犯罪的靈魂。但是，神已經為信徒的罪作了預備。不是我們為信徒的罪預備；是神已經預備。請記住這一點。

翻到《約翰一書》二章1節：我小子們哪，我將這些話寫給你們，是要叫你們不犯罪。若有人犯罪，在父那裡我們有一位中保，就是那義者耶穌基督。約翰是寫信給義者。若有人犯罪，我們——約翰將自己置身其中——在父那裡我們有一位中保，就是那義者耶穌基督。如此的一位中保！祂在至高的位置——神的寶座——眷顧我們的心思意念。祂說，然而，我將真情告訴你們，我去是與你們有益的（約 16：7）。祂去，成為我們的大祭司和中保。祂有過一些棘手的案件要辯護，但祂從未敗訴過。如果，你將不朽的事交託與祂，祂將叫你們無瑕無疵，歡歡喜喜站在祂榮耀之前（猶 24）。

基督徒過去的罪，一經認罪，既往不咎，永遠不提。這是一個不能再打開的問題。我們的罪若被除去了，

就此為止。過去的罪，不應該被記住；神不會再提及它們了。非常簡單明了。假定我的兒子，在我不在家時，做錯了事。當我回到家，他摟著我的脖子說：「爸爸，我做了你叫我不要做的事。我很抱歉。請原諒我。」

我說，「好的，我的兒子，」然後，給他一個吻。他擦乾眼淚，歡歡喜喜地走了。

第二天，他說：「爸爸，我希望你能原諒我昨天做的錯事。」

我說，「這是如何，兒子，那事已經解決了，我不想再提了。」

「但我希望你能原諒我，聽到你說『我原諒你』，對我會有所幫助。」

這是尊重我嗎？我的孩子懷疑我，難道不會讓我傷心嗎？為了讓他滿意，我再次說：「我原諒你，我的兒子。」

隔天，如果他再次提起那個舊罪，請求原諒，那不是讓我傷心透頂嗎？所以，我親愛的讀者，如果神已經原諒了我們，我們就永不舊事重提。讓我們忘記背後的事，努力前面的事，向著目標直跑，要得著神在基督耶穌裡從上面召我來得的獎賞（腓 3：13-14）。往事已過，既往不咎。我們若認自己的罪，神是信實的，是公義的，必要赦免我們的罪，洗淨我們一切的不義（約壹 1：9）。

我可以說，這一原則，在司法系統中得到認可。有個案件，上告到某個國家的法院——我不說在哪裡 —— 有個男子跟他的妻子有嫌隙。他先饒恕了她，之後卻將她告到法庭。當法官得知他已經饒恕了她，就裁定這件事祇是解決了。法官認證這一原則的健全性，罪既赦免，就此結束。你認為，審判全地的法官，已經赦免你和我，過後，還會再次提起罪嗎？神若赦免，我們的罪既被除去，無論是現今還是永恆。我們，必須認罪、擯棄罪。

現在，來讀《哥林多後書》十三章5節：你們總要自己審察有信心沒有，也要自己試驗！豈不知你們若不是可棄絕的，就有耶穌基督在你們心裡嗎？現在，來審察自己。試試你的信仰。把它放在考驗中。你能饒恕你的仇敵嗎？這是一個很好的方法，可以用來檢驗，你是否是神的孩子。你會像基督那樣，甘願受辱，以德報怨？你能因工作做得好，反被責備，而不抱怨嗎？你能蒙冤受屈，仍然持受如基督一般的靈嗎？

《加拉太書》五章提供了另一個很好的檢驗。關注聖靈所結的果子，看看你是否擁有列出來的品質。聖靈所結的果子就是仁愛，喜樂，和平，忍耐，恩慈，良善，信實，溫柔，節制。這樣的事，沒有律法禁止（加 5：22-23）。如果，我有聖靈所結的果子，我就必然有聖靈。正如橘子，沒有橘樹不能生長，我不能沒有聖靈而結聖靈的果子。耶穌說，憑著他們的果

子,就可以認出他們來(太 7:16)。看果子就可以知道樹(太 12:33)。把樹培養好了,果子就會好。獲得果子的唯一途徑,就是擁有聖靈。這是鑑察我們是不是神的孩子的方法。

另一個非常引人注目的經文,是《羅馬書》八章9節。保羅說,人若沒有基督的靈,就不是屬基督的。這句經文,把屬靈的問題一下就解決了——哪怕有人通過了所有的外在形式,成為某教會的一員。讀讀保羅的一生,對照你自己的一生。[17] 倘若你的生命與保羅相似,就證明你是重生的——在基督耶穌里新造的。

儘管你是重生的,成長為一個成熟的基督徒仍需要時間。稱義是即刻的,成聖乃是一生的工作。我們要在智慧上長進。彼得說,你們卻要在我們主救主耶穌基督的恩典和知識上有長進(彼後 3:18)。他還寫到:

> 正因這緣故,你們要分外地殷勤。有了信心,又要加上德行;有了德行,又要加上知識;有了知識,又要加上節制;有了節制,又要加上忍耐;有了忍耐,又要加上虔敬;有了虔敬,又要加上愛弟兄的心;有了愛弟兄的心,又要加上愛眾人的心。你們若充充足足地有這幾樣,就必使你們在認識我

---

17 原註:有關保羅的生平故事,參見《使徒行傳》九章至二十八章,《加拉太書》一章11-23節,《以弗所書》三章,《腓立比書》三章3-15節,《提摩太前書》四章6-8節。

> 們的主耶穌基督上，不至於閒懶不結果子
> 了。(彼後 1: 5-8)

我們要恩上加恩。一棵樹，在其第一年，也許成長得很完美，但它尚未達到完全成熟。基督徒亦如此。他也許真正是神的孩子，但不是成熟的基督徒。

《羅馬書》第八章非常重要，我們應該熟記。使徒在第十四節經文說：因為凡被神的靈引導的，都是神的兒子。正如士兵由他的官長領導，小學生由老師指導，旅行者由嚮導帶領，聖靈將帶領每一位神的真實孩子。

把你的注意力，集中到另一事實。幾乎在每一封信中，保羅所有的教導都醒目地闡明確據的教義。他在《哥林多後書》五章1節中說，我們原知道，我們這地上的帳棚若被拆毀，必得神所造，不是人所造，在天上永存的房屋。他在上面所說的房屋前有個抬頭 (天上永存的)，而且，他說「我知道。」他沒有活在模稜兩可中。他說他情願離世與基督同在，如果他不確定，就不會這麼說 (腓 1: 23)。然後在《歌羅西書》三章4節，他說，基督是我們的生命，祂顯現的時候，你們也要與祂一同顯現在榮耀中。我被告知，以撒‧華茲博士的墓碑，刻有同樣的經文。這段經文，絕無疑惑之處。

現在，翻開《歌羅西書》一章12-13節：又感謝父，

叫我們能與眾聖徒在光明中同得基業。祂救了我們脫離黑暗的權勢，把我們遷到祂愛子的國里。這些經文中有三個「已經成就了」的短語：叫我們，救了我們，把我們遷到。經文沒有說祂將叫我們，祂將拯救我們，祂將遷移或改變我們，唯祂已經成就了。

然後在《歌羅西書》一章14節：我們在愛子裡得蒙救贖，罪過得以赦免。我們要麼是被赦免，要麼就沒有。我們應當孜孜不懈，直到進入天國，直到我們能夠昂首舉目說，我們原知道，我們這地上的帳棚若被拆毀，必得神所造，不是人所造，在天上永存的房屋。（林後5：1）

看看《羅馬書》八章32節：神既不愛惜自己的兒子，為我們眾人捨了，豈不也把萬物和祂一同白白地賜給我們嗎？祂既賜給我們祂的兒子，難道還不賜給我們確據：祂是屬我們的嗎？我聽說過下面的一個比喻：某人欠了一萬美元，瀕臨破產，幸好有個朋友出來支付了這筆錢。後來發現，此人還多欠了一些美元。但這人絲毫不懷疑，他的朋友既然支付了那大筆的錢，照樣也會支付這筆小錢。我們有足夠理由說，神既賜給我們祂的兒子，祂也將萬物和祂一同白白地賜給我們；如果我們確切地想得到救恩，祂不會將我們留在黑暗裡。

讀《羅馬書》八章33-39節：

誰能控告神所揀選的人呢？有神稱他們為義了（和合本原註：或作「是稱他們為義的神嗎？」）。誰能定他們的罪呢？有基督耶穌已經死了，而且從死裡復活，現今在神的右邊，也替我們祈求。（和合本原註：「有基督云云」，或作「是已經死了，而且從死裡復活，現今在神的右邊，也替我們祈求的基督耶穌嗎？」）誰能使我們與基督的愛隔絕呢？難道是患難嗎？是困苦嗎？是逼迫嗎？是飢餓嗎？是赤身露體嗎？是危險嗎？是刀劍嗎？如經上所記：「我們為你的緣故終日被殺，人看我們如將宰的羊。」然而，靠著愛我們的主，在這一切的事上已經得勝有餘了。因為我深信無論是死、是生，是天使、是掌權的，是有能的，是現在的事、是將來的事，是高處的、是低處的，是別的受造之物，都不能叫我們與神的愛隔絕；這愛是在我們的主基督耶穌裡的。

經文中有警醒之語。經文中有確據給你：<u>我深信</u>。你認為，已經稱我為義的神，還會定我為罪嗎？若如此，那是非常荒謬的。神將拯救我們，因此，無論是人，是天使，是魔鬼，都不能對我們，或神，有任何指控。神，將成就這項工作。

約伯，活在一個比我們現在更黑暗的日子裡，但甚至約伯都說，我知道我的救贖主活著，末了必站立在地上（伯 19：25）。

同樣的信心，在保羅臨終前對提摩太的一席話中，一氣呵成：為這緣故，我也受這些苦難；然而我不以為恥；因為我知道所信的是誰，也深信祂能保全我所交付祂的，直到那日（提後 1：12）。這裡，沒有一絲疑惑，惟有認知。我知道，我深信。「希望」這個詞，在聖經中，不是用來表達「懷疑」。「希望」這個詞，是用來表達對基督的第二次降臨，或對身體的複活的盼望。我們不說，我們希望我們是基督徒。我不說，我希望我是美國人，或者，我希望我是一個已婚男人。這些都已經確定了。我也許會說，我希望回到家裡，或者，我希望參加某個會議。我不說，我希望來到這個國家，因為，我已經在這裡。所以，我們若是神所生的，我們自己一定知道。如果我們查考聖經，祂不會把我們留在黑暗中。

當七十個門徒們歡歡喜喜地佈道成功回來，說，主啊！因你的名，就是鬼也服了我們（路 10：17）；基督便教導門徒們救恩確據的教義。主似乎叫他們不要太興奮，說祂會給他們值得歡喜的事。然而，不要因鬼服了你們就歡喜，要因你們的名字被記錄在天上歡喜（路 10：20）。

救恩的確據

我們每個人的特權，是要確切地知道，自己的救恩是確定無疑的。然後，我們就可以服事別人。倘若，我們對自己的救恩不確定，我們就不適合事奉神。

給我們確據的另一經文，是《約翰福音》五章24節：*我實實在在地告訴你們；那聽我話，又信差我來者的，就有永生，不至於定罪，是已經出死入生了。*

有些人說，直到站在白色審判的大寶座前，你才能知道自己是否得救。我親愛的朋友，如果你的生命與基督同住在神裡面，你就不會被定罪。我們會被評審，來取得獎賞。在那主人如何對待那給了五千銀子，又賺了五千銀的僕人的比喻中，耶穌明明白白地教導這個教義，說，那領五千銀子的人又帶著那另外五千銀子，說：『主啊，你交給我五千銀子。請看，我又賺了五千銀子。』主人說：『好，你這又良善又忠心的僕人，你在不多的事上忠心，我要把許多事派你管理；可以進來享受你主人的快樂!』（太 25：20-21）我們將因管家的職分而受評判。評判、得獎賞是一回事，但救恩──永生──又是另外一回事。

神會要求加倍償還基督已為我們付清的債務嗎？基督若在十字架上用自己的身體承擔了我的罪，難道我仍要為我的罪負責？

《以賽亞書》五十三章5節告訴我們，他為我們的過犯受害，為我們的罪孽壓傷；因祂受的刑法我們

得平安，因祂受的鞭傷我們得醫治。在《羅馬書》四章25節，我們讀到：祂被交給人，是為我們的過犯；復活，是為叫我們的稱義。讓我們相信、受益於祂所完成的事工。

然後在《約翰福音》十章9節中：我就是門，凡從我進來的，必然得救，並且出入得草吃。這就是應許。《約翰福音》十章27節說：

> 我的羊聽我的聲音，我也認識他們，他們也跟著我。我又賜給他們永生，他們永不滅亡，誰也不能從我手中把他們奪去。我父把羊賜給我，祂比萬有都大；誰也不能從我父手裡把他們奪去。

想想吧！聖父、聖子和聖靈，應許保守我們。我們看見的不僅是父，是子，乃是三一神的所有三個位格。

除了神的話語之外，許多人還想要一些異象。這種習慣總是帶來疑惑。如果我答應某人，明天在某個時間和地點會面，而他要拿我的手錶以表示我的誠意，那將是對我誠實的誹謗。我們不應該質疑神所說的話。祂已做了一個又一個的聲明，一個接一個的比喻。耶穌說：

> 我就是門，凡從我進來的，就必得救。
> （約 10：9）

> 我是好牧人；我認識我的羊，我的羊也認識我。（約 10：14）

> 我是世界的光。跟隨我的，就不在黑暗裡走，必要得著生命的光。（約 8：12）

耶穌說祂就是道路、真理、生命（約 14：6）。接受我，你就會得著真理，因為我就是真理。

你想知道道路嗎？跟隨我，我會帶領你進入天國。你渴慕公義嗎？我是生命的糧。到我這裡來的，必定不餓；信我的，永遠不渴（約 6：35）。

耶穌是活水。人若喝我所賜的水，就永遠不渴；我所賜的水，要在他裡頭成為泉源，直湧到永生（約 4：14）。

祂說，復活在我，生命也在我，信我的人，雖然死了，也必復活。凡活著信我的人，必永遠不死（約 11：25-26）。

讓我來提醒你，我們的疑惑是從何而來的。許多神親愛的子民，永遠都無法超越對自己是僕人這個身份的認知。而神則稱我們為朋友。如果你走進一個房子裡，很快就會看到僕人和兒子之間的區別。兒子在屋

子裡自由自在地走著；因為，他在自己家裡。但是，僕人處於從屬地位。我們要超越僕人的概念。我們應該意識到我們是神的兒女。神不會將祂孩子的身份取消。神不僅僅只是收養了我們，我們生來就是祂的；我們已經出生在祂的國度裡。我的小男孩是我的，無論他僅一天大，還是現在的十四歲。他，是我的兒子。儘管，看起來，當他成年時，不像我所想像的那個樣子。他是我的，雖然，他必須在家教和老師的指導下接受培訓。神的兒女不完美，但我們完完全全是祂的兒女。

疑惑的另一個源頭，來自於定睛在自己。假如，我們想要淒慘苦毒，從早到晚充滿疑惑，我們就定睛在自己。堅心倚賴你的，你必保持他十分平安，因為他倚靠你（賽 26：3）。許多神親愛的孩子被剝奪歡樂，是因為他們一直在倚靠自己。

有人說：「看有三種方式。你若想要淒慘，就看看自己的內心；你若想要分心，就關顧四周；但你若想擁有平安，就要舉目仰望。」彼得眼離基督，立即開始沉淪。主對他說，你這小信的人哪，為什麼疑惑？（太 14：31）。彼得有神永恆的話語，比那大理石、花崗岩，或鐵，更堅實穩固；但是，當他把目光從基督移走的那一刻，他就下沉。那些走路左顧右盼的人，看不到自己的步子，是多麼不穩定和難堪。我們要定睛在為我們信心創始成終的耶穌（來 12：2）。

救恩的確據

當我還是一個男孩時，唯有當我的眼睛，固定在一棵樹，或我前面的一些物體上，才能在雪中保持一條直線。一旦我把眼睛從前面的標誌挪開，我就走彎了。只有當我們定睛在基督身上，我們才有完美的平安。基督從死裡復活後，向祂的門徒們展示了祂的手和腳（路24：40）。這是門徒們平安的根基。你若想驅散你的疑惑，定睛在寶血；你若想增添你的疑惑，定睛在自己。只要你自戀幾天，疑惑就足夠伴隨你多年。

省察祂是誰和祂所成就的事，而不是你是誰以及你所做的事情。這才是得平安和安息的途徑。

亞伯拉罕·林肯發布了解放奴隸宣言，解放了三百萬奴隸。某天，奴隸的鎖鏈脫落，獲得自由。在北軍經過的地方，宣言張貼在樹上和圍欄上。好多奴隸不識字，但當其他人讀了宣言，他們中的大多數人都相信。在那一天，歡呼聲頓起：「我們自由了！」儘管，有些人沒有聲稱自己自由，留在主人那裡，但這沒有改變他們是自由的這一事實。基督，我們救恩的隊長，已宣告賜自由給所有信祂的人。讓我們以祂的話信靠祂。奴隸的情結不能讓奴隸自由。自由的力量必須來自外部。定睛在自己不會讓我們自由，惟以信心的眼睛仰望基督讓我們得自由。

萊爾[18]（J.C. Ryle）在《信心和確據》（Faith and Assurance）一書中精彩地描述：

18　萊爾（J.C. Ryle, 1816-1900）英國19世紀傑出的佈道家，基督教作家。

信心，讓我們記住，是根；而確據，是花朵。毫無疑問，你永遠不會有花而沒有根；同樣確定的是，你可能有根，而沒有花。

信心，是那位可憐顫抖的女人，從人群中，來到耶穌身後，摸祂衣裳的下擺（可 5：25）。確據，是史提反，平靜地站在謀殺他的暴徒中，說，我看見天開了，人子站在神的右邊（徒 7：56）。

信心，是懺悔小偷的哭泣，耶穌啊！求你記念我（路 23：42）。確據，是坐在爐灰中的約伯，渾身毒瘡，說，我知道我的救贖主活著（伯 19：25）。祂雖殺我，我仍指望在祂（伯 13：15）。

信心，是當彼得溺水下沉時，哭喊：主啊，救我（太 14：30）。確據，同樣是彼得，站在猶太會堂前，宣告：祂是你們匠人所棄的石頭，已成了房角的頭塊石頭。除祂以外，別無拯救；因為在天上人間，沒有賜下別的名，我們可以靠著得救（徒 4：11-12）。

救恩的確據

信心，是焦慮，顫抖的聲音：我信，但我信不足，求主幫助（可 9：24）。確據，是充滿信心的挑戰：誰能控告神所揀選的人呢？神稱他們為義了。誰能定他們的罪呢？（羅 8：33-34）。

信心，是掃羅在大馬士革猶大院裡祈禱，悲傷，瞎眼，獨自一人（徒 9：11）。確據，是年邁的囚犯保羅，平靜地看著墳墓，說，我知道我所信的是誰（提後 1：12），有公義的冠冕為我存留（提後 4：8）。

信心是生命。多麼偉大的祝福！誰能陳述生與死之間的深淵之別？然而，生命可能是軟弱，病殘，多恙，痛苦，掙扎，焦慮，疲乏，沉重，憂愁，嚴峻，直到最終。

確據不僅僅是生命。確據是健康，剛強，力量，朝氣，事工，精力，雄壯，和優雅。

一位牧長曾經這樣祝福禱告：「神的心歡迎我們，基督的血讓我們潔淨，而聖靈讓我們確定。」信徒的保障是聖靈作工的結果。

另一位作家說：

我曾見到灌木和樹從崖石縫中長出,懸垂在令人驚悚的懸崖峭壁上,俯視著咆哮的瀑布,和奔騰的河流;但是,它們屹然挺立,枝葉四季色彩更換,生生不息,如同生長在密集的森林中。這是因為,它們紮根在岩石中,才能夠安然無懼,而大自然的養育使它們生機盎然。信徒也是如此,在他們的天路之旅中險象環生;但是,只要他們「植根並紮根」在永久磐石中(Rock of Ages),就有絕對的安全。緊緊抓住基督是他們的保證,祂的恩惠、祝福賜給他們生命並在生命中恆持。樹必然死亡,或岩石必然落下,只有這樣,它們之間的聯接才會終結;因此,要么信徒失去靈命生活,要么磐石崩裂倒塌,他們之間的聯合才會瓦解。[19]

以賽亞說:我必將他安穩,像釘子釘在堅固處;他必作為他父家榮耀的寶座。他父家所有的榮耀,連兒女帶子孫,都掛在他身上,好像一切小器皿,從杯子到酒瓶掛上一樣。(賽 22:23-24)

有一枚楔子,固定在一個堅固的地方,在它上面,

---

[19] 作者為貝特 (J. Bate),見《聖經詮釋》參考文獻;由約瑟夫•埃克塞爾 (Joseph S Exell) 編輯。

掛著所有的器皿和杯子。「哦喲，」一個小杯子說，「我太小了，我要是掉下去怎麼辦！」

「哦，」有個器皿說：「你不用害怕，但是，我很沉、非常重，我要是掉下去可不得了！」

還有一個小杯子說，「哦，我要是像那隻金杯，就永遠不怕掉下去了。」

金杯回答說，「不是因為我是金杯，我才不掉下去，而是因為我掛在這楔子上。」

如果楔子鬆落了，我們就都落下了——金杯，陶磁杯，錫杯，所有掛著的；但只要楔子牢固堅實，所有掛在祂身上的都安然無恙。

我曾經在一墓碑上，讀到過這樣的碑文：「出生，去世，保守。」讓我們祈禱，願神保守我們，有屬天的平安和確保的救恩。

第八章

基督即一切

> 惟有基督是包括一切，又住在個人之內。(西 3: 11)

基督，是一切我們要使祂成為的。我想強調一切這個詞。有些人使祂成為像根出於乾地，也無美貌使我們羨慕祂（賽 53: 2）。對他們來說，基督算不了什麼；他們不要祂。有些基督徒的救主很小，他們不願意完全接受他，不願意讓祂為他們做大事。其他基督徒則有一位大能的救主，因為他們意識到祂是偉大、全能的。

如果，我們想知道基督想對我們做什麼，首先，必須知道，祂是使我們脫離罪惡的救主。當天使從天而降，宣布耶穌將降生在世上時，他宣告了祂的名：你要給他起名叫耶穌，因祂要將自己的百姓從罪惡裡救出來（太 1: 21）。我們是否已脫離罪惡？耶穌來，是要救我們*脫離*我們的罪，不是讓我們仍活在罪中。

了解一個人，有三種方式。有些人，你之所以知道他們，僅僅因為聽人家提起過。其他一些人，你只是曾經被介紹給他們，你對他們了解甚少。還有一些，是你認識多年的人；你非常了解他們。同樣，我相信，今天在基督教會內外也有三種人。有些人只是讀到過或聽到過基督——他們只承認基督是一位歷史人物。其他有些人和基督有一些個人關係。第三種人，則像保羅那樣，渴望認識基督，曉得祂復活的大能（腓 3：10）。我們對基督了解得越多，就越加愛祂，就越能更好地事奉他。

救主

讓我們定睛掛在十字架上的耶穌，看看祂是如何除去罪的。祂來到世上，是為了除去我們的罪。我們若真的認識祂，就必須首先將祂視為使我們脫離罪惡的救主。記得天使在伯利恆的野地裡，對牧羊人這麼說，看哪，我報給你們大喜的信息，是關乎萬民的；因為今天在大衛的城裡，為你們生了救主，就是主基督（路 2：10-11）。然後，如果回到以賽亞的年代，即基督誕生前七百年，你會發現這些話：惟有我是耶和華，除我以外沒有救主（賽 43：11）。

在《約翰一書》四章 14 節，我們讀到：父差子作世人的救主，這是我們所看見且作見證的。所有的異教，

都教導人們要靠努力才能見神，但耶穌基督的宗教，是神降臨到人間，來拯救我們，並把我們高舉起來，脫離罪惡的深淵。在《路加福音》十九章 10 節，我們讀到，基督親自告訴人們，祂為什麼來：人子來，為要尋找拯救失喪的人。所以，我們要從十字架開始，而不是從搖籃開始。基督，為我們去到天父那裡，開闢了一條新的、活潑的道路。祂把所有的絆腳石都挪掉，因此，每個相信耶穌為救主的人都能得救。

拯救者

但是，耶穌基督還不僅僅是救主。我可能會救一個落水的人，免得他死的不是時候，但我無法為他做得更多。基督不僅僅是救主。當以色列人被安置於塗有羔羊血的門後，那血是他們的救贖，但是，如果他們沒有從埃及人的枷鎖中解脫出來，他們仍然會聽到奴隸主揮鞭子的聲音。是神救他們脫離埃及王的手。

我對這種想法不敢苟同：即神降臨拯救我們，然後，仍然讓我們留在罪的監獄裡，繼續成為罪的奴隸。不！祂來是要救我們脫離罪，使我們勝過自己惡劣的性情、慾望和情慾。你是一個自稱是基督徒的人，但仍然是某些惱人的罪的奴隸嗎？如果你想戰勝那種壞性情或情慾，就當繼續更親密地認識基督。祂為過去、現在和未來帶來拯救。祂*曾*救我們脫離那極大的死亡，*現在*仍要救我們，並且我們指望祂*將來*還要救我們（林後 1: 10）。

救贖者

多少次，我們像以色列人來到紅海時一樣，因為前後左右和周圍的一切都顯得灰暗而灰心喪氣，不知道該往哪個方向轉？就像彼得，我們問道，我們還歸從誰呢？（約 6：68）。但神為了拯救我們，已經出現。祂帶我們經過紅海進入曠野，開闢了通往應許之地的道路。基督不僅是我們的拯救者，也是我們的救贖主。祂把我們贖回來了。*你們無價被賣的，也必無銀被贖*（賽 52：3）。我們的贖回，不是用 能壞的金銀等物（彼前 1：18）。如果黃金可以贖我們，難道祂不能創造上萬個充滿黃金的世界嗎？

嚮導

當神將以色列人從埃及的奴役中救贖出來，帶他們過紅海，當他們出征到曠野，神就成了他們的道路。我非常感謝主，沒有將我們留在黑暗中，而是領我們走上正道。世上，沒有一個在黑暗中摸索的人，不會明白究竟什麼是路。耶穌說，*我就是道路*（約 14：6）。如果我們跟隨基督，就會行在正道上，擁有正確的教義。

誰能像全能神一樣，帶領以色列人經過曠野？祂知道路上的陷阱和危險，祂引導以色列人經荒野之旅進入應許之地。誠然，若不是因為那該詛咒的不信，以色列人本可從巴蘭的加低斯進入並佔有流奶與蜜

之地，但他們想要的不是神的話語；所以，他們被拒之門外，不得不在沙漠中流浪了四十年。(參民 13)

我相信，還有成千上萬神的兒女，仍然在曠野中流浪。主已將他們從埃及人手中拯救出來，只要他們願意跟隨耶穌，就會立即帶他們經過曠野進入應許之地。祂一直在這裡，已經將坎坷的地方變平坦，黑暗的地方變光亮，彎曲的地方變直順。我們只要被祂帶領、跟隨祂，就會有平安、喜樂和安息。

西部拓荒時期，當一個人出去打獵時，他會帶著砍刀，在森林裡邊走邊砍樹皮；這就是所謂的「開闢道路」。他這樣做，是為了知道回去的路，因為，這些茂密的森林中，沒有現成的路。基督已經來到這地上「開闢了道路」。現在，祂既然已經升上高天，我們只要跟從祂，就會恆守在正道上。

你是否跟隨基督，可以用這樣的方法來檢驗：如果有人誹謗你或對你評斷不公，你是否能像主耶穌那樣對待他？如果你不能以愛和寬恕的精神來承受這些事情，世界上所有的教會和牧師都無法使你歸正。*人若沒有基督的靈，就不是屬基督的*（羅 8：9）。*若有人在基督裡，他就是新造的人，舊事已過，都變成新的了*（哥後 5：17）。

光

基督不僅是我們的道路，也是路上的光。祂說，我是世上的光。跟從我的，就不在黑暗裡走，必要得著生命的光（約 8:12）。任何跟隨基督的人都不可能在黑暗中行走。如果你的靈魂在黑暗中，在地上的霧霾中摸索，那是因為你偏離了真光。只有光明才能驅散黑暗。如果，你在屬靈的黑暗中行走，讓基督進入你的心。祂就是光。

我記得，我曾經很喜歡的一幅畫，但現在，當我更仔細地看著它，除非我把它反轉面向牆壁，否則我不會把它攔在我的家裡。這幅畫，畫的是基督，手裡拿著一個大燈籠，站在門口敲門。你把一盞燈籠放在基督的手中，倒還不如把一盞燈籠掛在太陽上。[20] 基督就是公義的日頭，走在這無雲遮擋的日光下是我們的權份（瑪 4:2）。

平安和喜樂

許多人都在尋找光明、平安和喜樂。我們沒有被告知要尋求這些東西。我們如果讓基督進入我們的心裡，這些東西就自然到來。我記得，當我還是個孩子的時候，我曾經試著捕捉我的影子。一天，我面朝著太陽走路，一轉身，發現自己的影子跟著我。我走得越快，

20　意即基督是日頭，讓基督手拿燈籠是對主的不恭。

我的影子也跟得越快。我沒法甩掉它。同樣，當我們的臉面向公義的日頭時，平安和喜樂就一定會到來。

前段時間，有個人對我說：「慕迪，你感覺還好嗎？」老實說，我已經很久沒有考慮過自己的感受了。因此，為了回答他，我還不得不停下來想一想。有些基督徒無時無刻都在想自己的感受；他們只要一感覺不對，就認為自己的喜樂都沒有了。如果我們一直面向基督，全神貫注在祂身上，那麼，在我們成聖的路上，基督會將我們從眾多的黑暗和試探中解救出來。

我記得，南北戰爭爆發後，有一次我去參加一個聚會。戰爭已經持續了大約六個月。北軍在牛奔河（Bull Run）被擊敗；[21]事實上，北軍是一敗塗地，潰不成軍，看起來共和國似乎要分崩離析了。我們大家都灰心喪氣。在這次會議上，每個演講者都好像《詩篇》裡講的：*把琴掛在柳樹上* [22]（詩 137：2）。這是我參加過的最暗淡沮喪的會議之一。最終，一位白髮蒼蒼的老者站起身來說話。他的臉閃閃發光。「年輕人，」他說，「你們說話，不像是國王的兒子。雖然，這裡很黑暗，但請記住，別處就很明亮。」然後，他繼續說，即使整個世界都是黑暗的，神的寶座光明四射。

他告訴我們，他從東部來，那裡有一位朋友，跟他講了一段爬上山過夜看日出的事。說是，一行人正在上

---

21 牛奔河之戰（Battle of Bull Run），1861年7月。是南北戰爭的第一場重大戰役。

22 《詩篇》一百三十七篇2節。意即非常沮喪。

山,還沒到山頂,來了一場暴風雨。這位朋友就對嚮導說:「我不想往上爬了,帶我回去。」

嚮導笑著回答:「我們很快就會上到風暴之上。」他們就繼續前行,不久,就到了一處如夏夜般平靜的地方。山谷下面,風暴肆虐,雷聲隆隆,電光閃閃;但是,山頂上卻是一片平靜祥和。

「所以,我的年輕朋友們,」老人繼續說,「雖然我們周圍一片漆黑,但再往高處一點,黑暗就會消失。」很多時候,當我感到氣餒時,我就會想起他說的話。假如你正處在濃霧和黑暗的山谷裡,爬高一點;更接近基督,更多地認識祂。

聖經說,當基督死在十字架上時,世界的光就熄滅了。神差遣祂的獨生子成為世界的光,但世人不愛這光,因為這光暴露了他們的罪。當他們要熄滅這盞燈時,基督對他的門徒說了什麼?你們要作我的見證(徒1:8)。祂已經去父那里為我們代求,但要我們在世上為祂發光。你們是世上的光(太5:14)。我們的工作是要發光,而不是吹自己的號角,來引起人們的注意。我們需要做的是彰顯基督。即使我們有任何光,那光也是從基督那裡來的。

有人對一個初信的基督徒說:「歸正!都是做夢(moonshine)!」[23]

初信的基督徒回答說:「我要謝謝你的比喻。月亮

---

[23] Moonshine在此處是「做夢」的意思,有諷刺、攻擊的味道。

的光從太陽那裡來的，我們的光是從公義的太陽那裡來的。」如果我們是屬基督的，我們就在這裡為祂發光。終有一日，祂叫我們回天家，得我們的獎賞。

我聽說過這麼一個故事。有一個盲人，坐在路邊，旁邊放著一個燈籠。有人問他，你看不到光，為什麼要放個燈籠在身邊。他說，這樣，人們就不會被他絆倒。我相信，相比起任何其他原因，更多人絆倒，是因為那些自稱是基督徒的，行事做人言行不一。比起世上所有的懷疑主義，對基督的事業造成更大危害的，就是這種冰冷、死板的形式主義，這種與世界的協調一致，這種言行不一、自欺欺人的行為。全世界的目光都注視著我們。我記得，喬治・福克斯[24]（George Fox）說過，每個貴格會（Quaker）教徒，在他所在的鄉鎮，都應該照亮他周圍十英里。如果我們都為主發光，很快，就會照亮我們周圍的人，就會有讚美的呼聲直上天堂。

真理

人們說：「我想要知道真理是什麼。」 聽著：耶穌說祂就是真理（約 14：6）。如果你想知道真理是什麼，就要認識基督。人們還抱怨他們沒有生命。很多人試圖自己得到屬靈的生命。可以這麼說，你可以給自己

24　乔治・福克斯（George Fox, 1624-1691），英国传教士，贵格会（Quaker）的创始人。

加電，或充電給自己，但效果不會持續很長時間。惟有基督是生命的創造者。如果你想擁有真正的屬靈生命，就要認識基督。許多人試著通過參加聚會來激發靈命。這很好，但是，除非他們與活著的基督相交，否則沒有用；與基督相交，他們的屬靈生命就不會是斷斷續續的，而是永恆的、源源不斷地結果子獻給神。

守護者

耶穌是我們的守護者。許多初信的門徒，擔心自己的信心不堅定，不能恆久。保護以色列的，也不打盹，也不睡覺（詩 121：4）。保守我們，是基督的工作，如果祂保守我們，我們就沒有跌倒的危險。我假設，如果女王要來照看英格蘭的王冠，小偷就可能光顧。但它被存放在倫敦塔中，由士兵日夜守衛。有必要的話，整個英國軍隊將被召來保護它。同樣，我們自己沒有力量。我們不是撒旦的對手；他有六千年的經驗。但是，我們要記得，我們的守護者，是那位既不打盹也不睡覺的神。在《以賽亞書》四十一章10節我們讀到，你不要害怕，因為我與你同在；不要驚惶，因為我是你的神。我必堅固你，我必幫助你，我必用我公義的右手扶持你。《猶大書》24節告訴我們，祂能保守我們不失腳。在父那裡我們有一位中保，就是那義者耶穌基督（約壹 2：1）。

牧者

耶穌基督也是我們的牧者。牧羊人的工作是照顧羊，餵養並保護它們。我是好牧人……我的羊聽我的聲音……我為羊捨命。在《約翰福音》那精彩的第十章中，基督使用牧羊人的代名詞不少於 二十八 次，來宣告祂是什麼，以及祂將做什麼。在 28 節祂說，他們永不滅亡；誰也不能從我手中把他們奪走。沒有人，或魔鬼，能夠做到這一點。聖經還說，你們的生命與基督一同藏在神裡面（西 3：3）。多麼安全，多麼牢靠！

基督說，我的羊聽我的聲音……他們也跟著我（約 10：27）。東方有位紳士聽說一個牧羊人可以按名字把所有的羊都招來。那紳士就去見牧羊人，問他是否真的。牧羊人就把紳士帶到羊所在的牧場。牧羊人對羊群呼叫了一隻羊的名字。聽到呼喊，有隻羊抬起頭，就朝他跑來了。其他的羊則根本不理會，繼續吃草。以同樣的方式，他召喚了大約十幾隻羊來到他周圍。那紳士說：「你怎麼分辨他們？他們都長得一模一樣。」

「啊哈，你看，」牧羊人說，「那隻羊的腳趾有點向內拐；另一隻的眼睛斜視；這只掉了一小塊羊毛；那隻身上有個黑斑，還有一隻耳朵缺了一塊。」這個牧人，憑著每隻羊的缺陷，認識了所有的羊；因為，整個

羊群中,沒有一隻羊是十全十美的。我想,我們的牧者以同樣的方式認識我們。

一位東方牧羊人曾告訴一位紳士,他的羊知道他的聲音,沒有陌生人可以欺騙他們。這位紳士想驗證一下牧羊人這番話。他穿上牧羊人的外衣,裹上頭巾,拿著杖,往羊群走去。他把自己的聲音壓下去,費盡全力地模仿牧羊人一樣說話,可是,羊群中沒有一隻羊來跟著他。他問牧羊人,他的羊是否跟過陌生人。牧羊人回答說,假如一隻羊生病了,它就會跟著任何人。

因此,許多自稱基督徒的人,在信仰上有恙或軟弱時,任何一位師傅,真假不辨,他們都會跟隨;當靈命健康時,基督徒就不會被謬誤和異端所迷惑。他會知道所傳的是否是真理。如果他真的與神相交,他很快就能分辨出神的聲音。當神差派一位純真的傳講信息者時,傳講的信息會得到從基督徒內心發出的回應。

基督是溫柔的牧羊人。如果你在管教的杖下,你有時會認為祂對你不是一個非常溫柔的牧羊人。經上記著說,因為主所愛的,他必管教,又鞭打凡所收納的(希 12:6)。你經歷杖下並不能證明基督不愛你。我的一個朋友失去了他所有的孩子。沒有人像他那樣愛他的家人,但猩紅熱把孩子們一個一個地奪走,四個五個,一個一個地相繼死去。傷心欲絕的父母去了英國,在那里和歐洲大陸上,四處漂游。

過了一陣,他們去了敘利亞。一天,他們看見一個牧羊人來到一條小溪邊,叫他的羊群過河。羊下到溪邊,望著河水,似乎停滯不前、退縮了,他無法使它們聽他的召喚。過後,他把一隻小羊羔夾在一隻胳膊下;然後又抓了一隻羊羔,放在另一隻胳膊下,接著,就穿過小溪。那些年長的羊們不再站著看水了。它們躥入水里,緊跟著牧羊人,幾分鐘後,整群羊都到了溪的另一邊。牧羊人領著它們,到更新鮮更旺盛的草牧場。

看著這一幕,失去孩子的父母,覺得這是給他們上了一課。他們不再淒淒泣泣,因為,大牧者已經將他們的小羊,一隻一隻地帶到了另一個世界。他們昂起頭,期待著有一天,能跟失去的親人一樣,進到另一個世界。如果,之前你有親人離世,請記住,你的牧人正在呼召你 思念上面的事,不要思念地上的事(西 3: 2)。當我們還在這個世界上時,讓我們忠於祂、跟隨祂。如果,你還沒有接受祂為你的牧者,今天就接受祂為你的牧者。

更多的稱號

基督不僅是我前面提到的所有一切稱號,祂還是我們的中保,成聖者,和稱義者;事實上,若針對每個靈魂,則需要大量的篇幅來描述祂希望成為什麼。我在翻閱一些文章時,曾經讀到過一篇有關基督是什麼的

天路

精彩詩文，我不知道這篇詩文最初來自哪裡，但對我的靈魂來說，它是如此的清新，我願意把它告訴你：

- 基督是我們的道路；我們行在其中。

- 祂是我們的真理；我們擁有祂。

- 祂是我們的生命；我們住在祂裡面。

- 祂是我們的主；我們選擇祂來統治我們。

- 祂是我們的主人；我們為祂服務。

- 祂是我們的先師，以救恩之道教導我們。

- 祂是我們的先知，指明未來。

- 祂是我們的祭司，為我們贖了罪。

- 祂是我們的中保，永遠活著為我們代求。

- 祂是我們的救主，拯救我們到底。

- 祂是我們的根；我們從祂成長。

- 祂是我們的糧；我們以祂為食。

- 祂是我們的牧者，領我們到青草地。

- 祂是真葡萄樹；我們常在祂裡面。

- 祂是生命之水，祂使我們解渴。

- 祂是萬人中最美好的；我們愛慕祂勝過一切。

基督即一切

- 祂是父榮耀的光輝,是父本體的真像;我們奮力活出祂的形象。

- 祂是萬物的擁躉;我們倚靠祂。

- 祂是我們的智慧;我們由祂引導。

- 祂是我們的義;承擔了我們所有的不義。

- 祂是我們的成聖,我們從祂得到過聖潔生活的力量。

- 祂是我們的救贖,救我們脫離一切罪惡。

- 祂是我們的醫者,治愈我們所有的疾病。

- 祂是我們的朋友,減輕我們的一切負擔。

- 祂是我們的兄弟,在困境中激勵我們。

- 祂是我們的復活:我們雖死,但因祂而復活。

- 祂是我們的永生:我們將從祂那裡得到「不朽的氣息」。

戈特霍爾德・萊辛[25](Gotthold Lessing) 寫了另一段美麗的短文:

對我來說,我的靈魂就像一個又飢又渴

---

[25] 戈特霍爾德・萊辛(Gotthold Lessing, 1729 – 1781),德國作家和文藝理論家。

的孩子，需要祂的愛和安慰來讓我恢復活力。我是一隻漂流迷失的羊，我需要祂，一位良善而忠心的牧羊人。我的靈魂就像一隻被鷹追逐的受驚的鴿子，需要祂的傷口作為避難所。我是一棵軟弱的葡萄樹，我需要抓住祂的十字架並纏繞自己。我是一個罪人，我需要祂的公義。我赤身裸體，我需要祂的聖潔和純真來遮蓋。我身處困境，驚慌不安，我需要祂的安慰。我無知，我需要祂的教導；膚淺愚鈍，我需要祂聖靈的引導。無論何時何地，我都不能沒有祂。我祈禱？祂一定呈情為我代求。我在神的法庭上被撒旦控告嗎？祂一定是我的中保。我受苦了嗎？祂一定是我的幫助。我被世界逼迫了嗎？祂一定保護我。當我被拋棄時，祂一定是我的支持。死時，祂是我的生命；當[腐爛]在墳墓裡，祂是我的復活。既然如此，那麼，我寧願拋棄這世界及世上所有一切，也不願與你，我的救主分離；感謝神，我知道你也不能也不願意沒有我。你富裕，我貧窮。你富足，我缺乏。你有公義，我[有]罪。你有酒有油，我有傷口。你有美酒美食，而我[有]飢渴。

使用我，我的救主，無論出於什麼目的，以你所需要的任何方式。獻上我可憐的心，空蕩蕩的容器；用你的恩典充滿它。獻上我罪惡、困苦的靈魂；用你的愛激勵更新它。將我的心成為你的居所；我的口傳揚你名的榮耀；我的愛和我所有的力量展現你的尊榮，為你的信徒服務。永遠不要讓我堅定的信心減弱，這樣，我就可以在任何時候，發自內心地說「耶穌需要我，我需要祂；我們息息相關。」

第九章

背道而行

我必醫治他們背道的病，甘心愛他們，因為我的怒氣向他們轉消。（何 14：4）

有兩種背道者。一種是從未歸正過；他們曾經歷、參加基督教的社區活動，便聲稱自己是倒退者，但是，如果我可以用「向前滑行」這句話，來表達歸向基督的話，他們從來沒有這樣做過。他們也許會談論倒退，但其實他們從未真正重生過。我們需要將他們區分於真正的背道而行者——那些從不朽壞的種子生出來，但卻已經偏離正道的人。我們要讓後者，重新回到被離棄的他們起初的愛心。

翻到《詩篇》八十五篇5-7節。你讀到：你要向我們發怒到永遠嗎？你要將你的怒氣延留到萬代嗎？你不再次將我們救活，使你的百姓靠你歡喜嗎？耶和華啊！求你使我們得見你的慈愛，又將你的救恩賜給我們。

現在請看《詩篇》八十五篇8節：我要聽神耶和華所說的話，因為祂必應許將平安賜給祂的百姓，祂的聖民；他們卻不可再轉去妄行。

沒有什麼比神的話語更能讓背道者受益的了。而且，對這些人來說，舊約和新約一樣，充滿幫助。《耶利米書》就為四處徘徊者，提供了一些精彩的經文。我們要做的，是讓倒退的人，聽聽主在說什麼。

請來看《耶利米書》六章10節：現在我可以向誰說話作見證，使他們聽呢？看哪，他們的耳朵未受割禮，不能聽見。看哪！耶和華的話，他們以為羞辱；不以為喜悅。這就是背道者的境況。他們對神的話語毫無喜悅。但是，我們要把他們帶回來，讓他們聆聽神的話語。現在來讀《耶利米書》六章14-17節：

> 他們輕輕忽忽地醫治我百姓的損傷，說：「平安了！平安了！」其實沒有平安。他們行可憎的事、知道慚愧麼。不然，他們毫不慚愧，也不知羞恥。因此，他們必在仆倒的人中仆倒；我向他們討罪的時候，他們必致跌倒。這是耶和華說的。耶和華如此說：「你們當站在路上察看，訪問古道，哪是善道，便行在其間。這樣，你們心裡必得安息。他們卻說：『我們不行在其間。』我

> 設立守望的人照管你們,說:『要聽角聲。』他們卻說:『我們不聽。』

這就是猶太人背道而行時的光景。他們已經離開了原路。這也是所有背道者的景況。他們已經遠離了純正古老的聖經。亞當和夏娃因不聽神的話而墮落。他們不信神的話,卻相信那試探者。這就是背道者跌倒的途徑——背離神的話語。

在《耶利米書》的第二章中,我們看到神懇求他們,就像父親懇求兒子一樣:

> 耶和華如此說:「你們的列祖見我身上有什麼不義,竟遠離我,隨從虛無的神,自己變為虛妄的呢?」……耶和華說:「我因此必要與你們爭辯,也必與你們的子孫爭辯……因為我的百姓做了兩件惡事,就是離棄我這活水的泉源,為自己鑿出池子,是破裂不能存水的池子。(耶 2: 5, 9, 13)

有一件事,我們要提醒背道者注意——主從未拋棄他們,他們卻拋棄了祂!主從未離開他們,但他們離開了祂!而他們這麼做,根本沒有任何原因!祂問,你們的列祖見我身上有什麼不義,竟遠離我?今天的神,不就是你第一次來到祂面前的神?神改變了嗎?

人們很容易認為神已經改變了，但實際上錯在他們自己身上。背道者，我會問你，「神有什麼罪，讓你離開，並且離祂遠遠的？」你們，神說，自己鑿出破裂不能存水的池子。世界無法滿足新的秉性。地上的井無法滿足已經和天上有分的靈魂。嚐到過生命之水後的人，誤入歧途，渴望從世間泉源尋求清新，但豈知今世的名譽、財富和享樂，根本無法滿足他們的需求。地上的井會乾涸。它們不能滿足屬靈的渴求。

《耶利米書》二章32節說，*處女豈能忘記她的飾物呢？新婦豈能忘記她的美衣呢？我的百姓卻忘記了我無數的日子。*這就是神對背道者的指控。他們忘記了我無數的日子。

當我對年輕婦女說：「我的朋友，你更看重耳環而不是主。」她們常常為此感到吃驚。

回答常常是，「不，我沒有。」

但是，當我問：「如果你丟了一個耳環，你不會感到很懊惱，不會去找它嗎？」

答案是，「嗯，是的，我想我會的。」然而，當她們轉離主時，她們沒當回事，也不尋求祂，以致找到祂。

有多少曾經與主相交，每日與主交通的年輕女性，現在是更多地關顧自己的衣服和珠寶，而不是寶貴的靈魂！愛，不喜歡被遺忘。如果孩子離開後，不聞不問，或寄些表示愛的紀念品，母親們會很傷心。就像父母

對待誤入歧途的孩子一樣，神懇求背道而行的人。祂努力領他們回歸。祂問：「我做了什麼，讓你離棄我？」

整本聖經中，最溫柔慈愛的話語，都是神對那些無緣無故離開祂的人說的。聽聽祂如何與這樣的人爭辯：*你自己的惡必懲治你，你的背道的事必責備你。由此可知可見，你離棄耶和華你的神，不存敬畏我的心，乃為惡事，為苦事。這是主萬軍之耶和華說的*（耶 2：19）。

當我說，我曾見到數百名背道者回歸時，我沒有誇大其詞。我曾問他們，離開主是否是一件邪惡而痛苦的事。幾乎沒有一個真正的、曾認識主的背道而行者，不承認背離主是一件邪惡而痛苦的事。我不知道有何經文，比《耶利米書》的這節經文，更能使遊子回頭。如果你已經飄流到遙遠的邊陲，願這節經文召你回歸。

看看羅得。難道他不覺得這是一件邪惡而痛苦的事情？他在所多瑪住了二十年，從未皈依。在世人眼中，他過得很好。人們說他是所多瑪舉足輕重、才高八斗的人之一。可惜！他卻毀了他的家庭。他去警告他的孩子們，他們卻不予理睬，眼看著這位老背道者，在午夜，獨自一人穿過所多瑪的街道，是多麼可憐的一幕。（參創 19）

我從未見過一個男人和他的妻子背道之後，能夠舉證他們的孩子未被毀壞。孩子們會拿基督教取樂，嘲

笑他們的父母：你自己的惡必懲治你，你的背道的事必責備你。大衛不就是這樣發現的嗎？聽他哀哭。*我兒押沙龍啊！我兒，我兒押沙龍啊！我恨不得替你死，押沙龍啊！我兒，我兒啊！*（撒下 18：33）我認為，造成大衛如此痛悔的，不是他兒子的死，而是因為他本人毀壞了他兒子。

我記得，幾年前的一天，我和一位老年人交談，一直談到午夜過後。多年來，他一直在罪的荒山上徘徊。那天晚上，他想歸回到神身邊。我們一起禱告、禱告、禱告，直到神的光照耀他；他滿心歡喜地走了。第二天晚上，當我講道時，他坐在我面前，我一生中從未見過任何人看起來如此悲傷和可憐。他跟著我進了諮詢室。「有什麼問題嗎？」我問。「你的眼睛離開救主了？疑慮又回來了？」

「不，不是那樣，」他說。「我今天沒去上班，一整天都在拜訪我的孩子。他們都結婚了，住在這個城市。我挨家挨戶拜訪，但他們都嘲笑我。這是我生命中最黑暗的一天，我意識到我做了什麼。我把我的孩子帶入這個世界，現在，我不能把他們帶出來。」主使他恢復了救恩的喜樂，但他的過犯，卻造成痛苦的後果。如果，你看看你周圍的人，你會發現這樣的例子，比比皆是，層出不窮。許多人，多年前，來到你居住的城市，他們在繁榮富裕中事奉神，但現在已經

忘記了祂；他們的兒子和女兒在哪裡？瞧瞧那些背棄了主，回到了世間蠅頭小事的父母，很有可能，他們的孩子，正走在通向滅亡的大道上。

我們若是信實的，就應忠告這些背道者。忠言逆耳乃是愛的表現。也許，我們會在短時間內被視為敵人，但真正的朋友是那些振聾發聵、忠言相勸的人。以色列沒有比摩西更為真實的朋友。神將耶利米，哭泣的先知，賜給祂的子民，希望他們回到祂身邊，但他們卻離棄了神。他們忘記了帶領他們出埃及、從曠野進入應許之地的神。在他們興盛的時候，他們忘記了主，背道而行。主早就告訴他們會發生什麼，並且印證了（申 28）。輕視神話語的猶大國王西底家，被尼布甲尼撒擄去，他的兒女被帶到他面前，個個被斬殺。然後，西底家的眼睛被剜，身被銅鏈捆綁，扔在巴比倫的地牢中（王下 25：7）。種瓜得瓜，種豆得豆，西底家是咎由自取。倒退當然是一件邪惡痛苦的事，但是，主要用祂話語的信息贏回你。

我們在《耶利米書》八章5節讀到，這耶路撒冷的民，為何恆久背道呢？他們守定詭詐，不肯回頭。這就是主指控他們的。他們不肯回頭。神接著說：

> 我留心聽，聽見他們說不正直的話。無人悔改惡行，說：『我作的是什麼呢？』 他

們各人轉奔己路,如馬直闖戰場。空中的鸛鳥,知道來去的定期;斑鳩、燕子與白鶴,也守候當來的時令;我的百姓卻不知道耶和華的法則。(耶 8: 6-7)

定睛看: 我留心聽, 聽見他們說不正直的話。沒有家庭崇拜! 不讀聖經! 無個人靈修! 神彎腰留心聽, 但祂的子民卻已經逆轉離開了! 若有一個懺悔的背道者, 一個渴望赦免和復興的人, 你會發現, 沒有比《耶利米書》三章12-14節更為溫柔的詞了:

你去向北方宣告說, 耶和華說: 背道的以色列啊! 回來吧! 我必不怒目看你們, 因為我是慈愛的, 我必不永遠存怒。這是耶和華說的。只要承認你的罪孽, 就是你違背耶和華你的神, 在各青翠樹下向別神東奔西跑, 沒有聽從我的話。這是耶和華說的。耶和華說:「背道的兒女阿, 回來吧。因為我作你們的丈夫。並且我必將你們從一城取一人, 從一族取兩人, 帶到錫安。」

只要承認你的罪孽。有多少次, 我把這段經文拿起來給一個背道者看! 承認你的罪, 神說他會原諒你。我記得, 有個人曾問我:「這是誰說的? 在那裡嗎?」 我

就給他看了這段經文，只要承認你的罪孽，那人當即跪下哭喊：「我的神，我犯了罪。」主就在那時那地修復了他。如果你流失了，祂要你回來。

之後，神說，以法蓮哪！我可向你怎樣行呢？猶大啊！我可向你怎樣作呢？因為你們的良善，如同早晨的雲霧，又如速散的甘露（何 6：4）。祂的惻隱之心和愛是如此美好！

見《耶利米書》三章22節：你們這背道的兒女啊！回來吧！我要醫治你們背道的病。看哪，我們來到你這裡，因為你是耶和華我們的神。祂甚至把該說的話放進背道者的嘴裡。只要回來；如果你回來了，祂就慈愛地接受你，甘心地愛你。

在《何西阿書》十四章 1-2、4節：以色列阿，要歸向耶和華你的神，你因自己的罪孽跌倒了。當歸向耶和華，用言語禱告［祂把話語放進你的嘴裡］祂說：「求你除淨罪孽，悅納善行；這樣，我們就把嘴唇的祭代替牛犢獻上……我要必治他們背道的病，甘心愛他們；因為我的怒氣向他們轉消。「歸向耶和華」這句話，貫穿在這些經文中。

如果你迷失了，請記住，是你離開了祂——祂沒有離棄你。你必須從進去時的原路，從背道者的泥坑裡，走出來。假如你從離開主的原道返回，即時即地你就會與祂相遇。

我們若把基督當作世上任何的朋友來對待，我們就永遠不會離開祂，甚至永遠不會有一個背道者。假如，我在一個小鎮呆上一星期，離開時，我不會想著不與所結交的朋友握手告別。如果，我不跟任何人告別，登上火車就離開了，我一定當挨批評。抱怨聲會是：「怎麼搞的？」但是，你何曾聽過一個背道而行的人向主耶穌基督道別？你何曾聽過有人離開耶穌時，首先單獨與神相見，說：「主耶穌，我認識你十年、二十年或三十年，但我厭倦了事奉你。你的軛不易，你的擔也不輕。我要回到世界，回去享受埃及的東西。再見，主耶穌！別了」？你聽說過嗎？不； 你從來沒有，也永遠不會。我告訴你，如果你與神單獨相處，與塵世隔絕，與主相交，你就離不開祂。你心中的話語將是，主啊，你有永生之道，我們還歸從誰呢？（約 6: 68）。如果你那樣對待祂，就不會回到世界。你知道，你惟有耶穌。但你離開祂逃走了。你忘記祂的日子，數不勝數。此時此地，今天就迴轉！立定心志，永不止息，直到神使你重得祂救恩的喜樂。

康瓦爾郡（Cornwall）有一位紳士，在街上遇到一位基督徒。紳士知道他是一個背道者，就上前對那人說：「告訴我，你和主耶穌之間有隔閡嗎？」

那人低著頭，說，「沒有。」

背道而行

「如果是這樣，」紳士說，「那祂對你做了什麼？」那人淚流滿面、無言可答。

在《啟示錄》二章4-5節，我們讀到：

> *然而有一件事我要責備你，就是你把起初的愛心離棄了。所以應當回想你是從哪裡墜落的，並要悔改，行起初所行的事。你若不悔改，我就臨到你那裡，把你的燈檯從原處挪去。*

我要告誡你，不要犯某些人臆想行起初所行的事的錯誤。許多人以為，會重新得到和起初相同的經歷。這種想法，讓成千上萬的人數月沒有平安，因為，他們一直在期待最初經驗的更新。你最初來到主面前的經歷，一去不返。神永不重複。地球上數以百萬計的人中，沒有兩個人長得相似或想法相似。你也許會說無法區分這兩個人，但是，你熟悉他們之後，你很快就辨別出差異。所以，沒有人第二次會有像第一次同樣的經歷。如果神要使你的靈魂重得祂的喜樂，就讓祂行祂所行的事吧。不要指望重得兩年乃至二十年前的經歷。你會有嶄新的經歷，神會按祂自己的方法對待你。如果你承認自己的罪，告訴祂，你偏離了祂誡命的道路，祂會讓你重獲祂救恩的喜樂。

注意彼得是怎麼跌倒的,因為,幾乎所有的人跌倒,都是經由彼得同樣的行為舉止。我要向那些沒有跌倒的人發出警告。自己以為站得穩的,須要謹慎,免得跌倒(林前 10:12)。二十五年前,在我皈依歸正的頭五年,我曾經以為,如果我能在基督裡堅強站立二十年,就不必擔心會跌倒。但越靠近十字架,屬靈爭戰就越激烈。撒旦的目標很高。他進到十二使徒中,揀選管錢的加略人猶大,和使徒中的使徒,彼得。大多數人,都是在他們秉性中最強的一面上墜落。人們告訴我,愛丁堡城堡(Edinburgh Castle)被成功擊破的唯一處,就是岩石最陡峭、駐軍自己認為最安全的地方。任何人,若在任何時候,認為自己有足夠的力量抵擋魔鬼,他就需要特別警醒,因為,試探正是從那裡來進攻的。

亞伯拉罕是信心之父,信心之子孫的家譜,可以追溯到亞伯拉罕;然而,在埃及,他不認自己的妻子(創 12)。摩西以溫柔而著稱,但是,他卻因為一個倉促的行為和言語,被排除在應許之地之外——當時,神吩咐他對磐石說話,好讓會眾和牲畜有水喝,摩西卻自行己見。你們這些背叛的人聽我說;我為你們使水從這磐石中流出來嗎?(民 20:10)。

以利亞以勇敢著稱,然而,僅因為收到了一個女人的口信,他就像個膽小鬼一樣,在曠野走了一天的路

程，躲在羅騰樹下，在那裡求死（王上19）。讓我們小心點。不管此人是誰——他可能站在講台上或其他高處——只要他變得自負，肯定會跌倒。我們這些跟從基督的人需要常常禱告，讓自己謙卑並保持謙卑。神使摩西的臉發光，以便其他人可以看到，但摩西本人不知道他的臉發光。一個人的心越聖潔，他像基督一樣的日常生活和對神的愛，就會越清楚地被外界看到。有些人說自己是多麼謙虛，但如果有真正的謙卑，就不需要公開宣布。燈塔不必敲鼓吹喇叭，來宣告它近在咫尺；它便是自己的見證。如果我們裡面有真光，它就會顯現出來。最愛喧嘩的人，不是最虔誠的人。

在離我住的地方不遠，有一條小河，蘇格蘭人或稱之為「溪」（burn）。一場大雨過後，從老遠處，你就可以聽到湍湍水流的聲音；可是，只要有幾天晴朗宜人的天氣，小溪就變得幾乎寂靜無聲。我家附近還有一條大河，水流聲很小，然而，它終年不停地流淌在深邃而雄偉的河道中。當我們擁有如此多的神的愛，愛的存在就會顯而易見，無須自擂自誇。

彼得垮掉的第一步，就是他的自信。主早就警告他。主說，*西門！西門！撒但想要得著你們，好篩你們象篩麥子一樣；但我已經為你祈求，叫你不至於失了信心*（路 22：31-32）。但彼得說，*主啊！我就是同你下監，同你受死，也是甘心*（路 22：33）。*眾人雖然為你的緣故*

跌倒，我永不跌倒（太26：33）。「雅各、約翰和其他人可能會離開你，但你可以信賴我！」 彼得說。主卻警告他：彼得，我告訴你，今日雞還沒有叫，你要三次說不認得我（路22：34）。

儘管主責備他，彼得仍然說，他已經準備好跟隨主至死。這種吹噓，往往是墜落的先兆。讓我們謙卑、慎行。我們有很大的試探，在無人看管的時刻，就可能會跌倒，給基督帶來醜聞。

彼得墜落的下一步，是他去睡覺了。撒旦若能像搖著搖籃似的，讓教會入睡，他乃是通過神的子民，來替他作工。彼得在客西馬尼園睡著了，連片時都不能警醒。主接著問，怎麼樣？你們不能同我警醒片時嗎？（太26：40）。接下來，彼得以肉身的能量來爭戰。主又斥責他說，凡動刀的，必死在刀下（太26：52）。彼得所做的，耶穌不得不撤銷。再接下來，彼得遠遠地跟著耶穌（太26：58）。他一步一步地，漸行漸遠。神的兒女遠遠地跟在神後面，這是一件可悲的事。當你看到，彼得與世俗的朋友交往，把影響力投向錯誤的一邊時，他正是在遠遠地跟著。不久之後，這個古老家族的姓氏就蒙恥辱，耶穌基督將在祂朋友的家中受傷。彼得，以他的榜樣，將使別人跌倒。

在那之後，彼得對基督的敵人，既親和又友善。一位使女對「勇敢」的彼得說：

> 「你素來也是同那加利利人耶穌一伙的。」彼得在眾人面前卻不承認，說：「我不知道你說的是什麼！」既出去，到了門口，又有一個使女看見他，就對那裡的人說：「這個人也是同拿撒勒人耶穌一伙的。」彼得又不承認，並且發誓說：「我不認得那個人。」（太 26：69-72）

又一片時過去了，彼得仍然沒有覺醒。當另一人，憑彼得的口音，斷定他是加利利人時，彼得很惱火，就發咒起誓，再次不認他的主人；立時，雞就叫了（太 26：73-74）。

彼得從高傲的頂峰開始，一步一步地走下坡路，直到賭咒發誓，說他從來不認識主。

主也許會轉向他，說：「真的嗎，彼得，你這麼快就忘了我？你不記得你的岳母害熱病時，我一呵斥，病就離開了她（太 8：14-15）？你不記得，當你釣到這麼多魚時，你震驚地直呼，主啊！離開我，我是個罪人（路 5：8）？你記得，當你呼求，主啊，救我！我伸出手來拉住你，免得你淹死在水里（太 14：30-31）？你忘記了，在變像山上，你、雅各、約翰和我同在，你對我說，主啊，我們在這裡真好！你若願意，我就在這裡搭三座棚（太 17：14）？你難道忘記了，和我同吃晚

餐,同在客西馬尼園了嗎?你真的忘記我了嗎,且這麼快?」主可能會用諸如此類的問題來責備彼得,但主沒有這麼做。祂看了彼得一眼,眼裡充滿了愛,頓時,讓這勇敢的門徒心碎。他就出去痛哭。

基督從死裡復活後,請注意,祂是多麼溫柔地對待犯錯的門徒。墳墓前的天使說,告訴他的門徒和彼得(可 16:7)。儘管彼得三次不認主,主沒有忘記彼得,祂要將這親切而特別的信息,傳給這悔改的門徒。我們的救主是多麼溫柔慈愛!

朋友,如果你是流落者中的一員,讓主慈愛的眼神贏回你。讓祂使你重得祂救恩的喜樂。

在結束之前,讓我說,我祈禱神能復興一些閱讀這些書頁的背道者,他們將來可能會成為社會中有用的一員,成為教會的一個明亮的珠寶。如果大衛沒有復興,我們就永遠不會有《詩篇》三十二篇:得赦免其過,遮蓋其罪的,這人是有福!(詩 32:1)。如果不是因為神的愛,我們就不會有那美麗的《詩篇》五十一篇,這詩篇是由那復興了的背道者寫的。在五旬節那天,我們也不會有那美妙的佈道——這是由另一位復興的背道者傳講,乃至三千人歸信(徒 2)。

願神復興其他背道者,使他們以前所未有的、千倍的價值為祂的榮耀所用。如果你不認識耶穌,或者,你已經遠離祂,今天就舉目仰望祂吧!

有關作者

德懷特‧萊曼‧慕迪（Dwight Lyman Moody）於1837年2月5日生於美國麻州北田(Northfield)。慕迪才四歲，父親就去世了。留下他母親一人撫養九個孩子。慕迪十七歲那年，離家到波士頓謀生，成了一名推銷商。一年後，慕迪由他的主日學老師愛德華‧金波（Edward Kimball）的帶領，歸向耶穌基督。不久，慕迪離開波士頓，來到芝加哥。他在那裡開始自己教主日學。他二十三歲時，已經是一名很成功的鞋子推銷商，僅八個月就賺了五千美金，這在十九世紀中期是很大一筆錢。然而，當他立志跟隨耶穌，他就放棄事業，投身於基督教事工。他當時的年薪僅三百美金。

慕迪不是被按立的牧師，但他是一位傑出的佈道家。亨利・瓦利（Henry Varley），一位英國的傳教士，曾告訴他，「慕迪，世界尚將試目以待神將如何使用一個完全奉獻給祂的人。」慕迪後來說，「靠神的幫助，我立志成為那個人。」

據估計，在他有生之年，沒有電視或廣播的幫助，慕迪旅行一百多萬英里，向一百多萬人佈道，並親自接觸過七十五萬多人。

慕迪死於1899年，12月22日。

慕迪曾說過，「總有一天，你會在報紙上看到訃告，說北田東（East Northfield）的慕迪死了。你連一個字都不要信！那一刻，我比我現在更有活力。我會升的更高，就這樣 —— 從這個老土墓，進入一座不朽的房子；有一個死亡無法觸及的身體，一個罪不能玷污的身體，一個像祂榮耀的軀體那樣塑造的身體。1837年，我以肉體出生。1856年，我由聖靈而生。以肉體而生的將死去，由聖靈而生的將永遠活著。」

其他类似书籍

十字架，莱尔

「但我断不以别的夸口，只夸我们主耶稣基督的十字架。」（加六 14）

读者啊，请让我来跟你谈谈这个题目。相信我，这是一个有着最深远的重要性的题目，绝非什么简单的争议的问题；绝非什么人们认为尽可以言人人殊，同时却觉得对他们进不进天堂并无大碍的观点。「你怎么看基督的十字架？」每个人都必须对这个问题有正确的答案，否则他就永远失丧。对这个问题的答案将决定：天堂或地狱，幸福或悲苦，生命或死亡，末日的祝福或咒诅，也就是说，将决定一切。让我来告诉你：

1. 使徒保罗断不以什么夸口
2. 使徒保罗以什么夸口
3. 为什么所有的基督徒都应像使徒保罗那样思考和感受到十字架

免费下载

慈声呼唤, 司布真

这是和你, 读者, 心贴心的对话。在这里检验并一个一个地解决了每一个借口, 理由, 和对你来就近耶稣可能的障碍。如果你觉得你这个人很糟糕, 或者你也许真的很糟糕而且你公开或隐秘地在罪中, 你将发现, 基督里的生命也是为你的。你可以拒绝得救因着信的信息, 或者你可以选择在宣告了对基督的信仰之后却仍然过一个罪中的生活, 但是你却不能为了你或为了他人来改变这个真理本身。因此, 你和你的家庭应当来拥抱这个真理, 占有它, 并真正在今日也在永恒中得自由。来吧, 接受这个神白白赐予的礼物, 为了他而过一个得胜的生活。

免费下载

得胜的生命,德怀特·慕迪

你是一名得胜者?或者,你很容易被杂七杂八的罪所捆绑?更糟糕的是,你是否正偏离基督徒的成圣道路,但却拒绝承认并纠正?没有一个基督徒可以拒绝呼召成为得胜者。世上的代价微乎其微,而永恒的奖赏是无法估量的。

德怀特·慕迪(Dwight L. Moody) 是发掘我们问题的大师。他擅长用故事和幽默来揭示,作为成功的基督徒,什么是其生活的基本原则。在得胜的方方面面,慕迪都是从实际的、容易理解的角度来解析。针对我们的问题,慕迪所提出的解决方案不是宗教、规则或其他外在的修正。相反,他把我们带到问题的核心,即我们的内心,并且将圣经、神所赐的救药来医治每个基督徒的生命。让我们做好准备,来迎接、拥抱今天的真正胜利和永恒的喜乐。

免费下载

十誡, 德怀特・慕迪

現今的時代,十誡不是很合乎潮流。無神論者,對十誡嗤之以鼻,視為眼中釘。眾多的基督徒,也說十誡不合時宜。然而,德懷特・慕迪向我們挑戰,要我們仔細地審視一下十誡。十誡中,哪一誡,我們可以老老實實地說,不合時宜?十誡中,哪一誡,無論是當今還是永恆,我們可以不遵行而不食其果?

這本書,激勵你,以神的準則,來審度你的生活。神不會以我們做不到的事來為難我們,尤其當我們有耶穌基督為力量,以聖靈為引導。這本書,是對神最古老且家喻戶曉的話語,給以既激勵人心,又如飲甘露般的詮釋。

免费下载

www.ingramcontent.com/pod-product-compliance
Lightning Source LLC
Chambersburg PA
CBHW070143080526
44586CB00015B/1815